汉语广义遭受结构研究

庄会彬 著

科学出版社
北京

内 容 简 介

本书以广义遭受句式（以"王冕死了父亲"句式为代表）的论辩为切入点，尝试新理论，发掘新语料，努力推进对这类句式的解释。在理论引进方面，本书先后尝试了 CP 分裂假说（第三章）、韵律语法思想（第五章）、非宾格理论（第六章）；语料方面亦是多有发掘，不仅增加了非作格动词带宾语现象的实例，还扩展到日语语料。由是建立起"广义遭受句式"概念。整个论证过程呈现螺旋式上升的心路历程。

本书适合语言学专业人士以及所有对语言研究感兴趣的同人阅读。

图书在版编目（CIP）数据

汉语广义遭受结构研究 / 庄会彬著. —北京：科学出版社，2021.6
ISBN 978-7-03-068891-0

Ⅰ. ①汉⋯ Ⅱ. ①庄⋯ Ⅲ. ①汉语–句法结构–研究
Ⅳ. ①H146.3

中国版本图书馆 CIP 数据核字（2021）第 099186 号

责任编辑：常春娥　张翠霞 / 责任校对：宁辉彩
责任印制：李　彤 / 封面设计：蓝正设计

科 学 出 版 社 出版
北京东黄城根北街 16 号
邮政编码：100717
http://www.sciencep.com

北京盛通商印快线网络科技有限公司 印刷
科学出版社发行　各地新华书店经销

*

2021 年 6 月第 一 版　开本：720×1000　1/16
2021 年 6 月第一次印刷　印张：10 3/4
字数：176 000

定价：98.00 元
（如有印装质量问题，我社负责调换）

本书为河南省哲学社会科学规划项目"字本位视角下汉语特点研究"（项目编号：2020BYY002）的阶段性成果，此次出版得到河南大学外语学院资助，谨致谢忱。

By pushing a precise but inadequate formulation to an unacceptable conclusion, we can often expose the exact source of this inadequacy and, consequently, gain a deeper understanding of the linguistic data.

——Noam Chomsky (1957: 5)

序 言

2009年，会彬跟我读完硕士后，申请继续跟我读博士，对于博士研究计划，他当时有三个题目可以选择：一是汉语的广义遭受句（以"王冕死了父亲"为代表）；二是汉语的形义错配（以"他的老师当得好"为代表）；三是继续在他硕士学位论文的基础上做"汉语否定"（他的硕士学位论文写得还可以，后来几乎全文发表在新加坡的 International Journal of Asian Language Processing 上）。第一个题目当时就被我否了，原因是太难，这是块硬骨头，而且可拓展的空间不大；不像形义错配，可以纵横捭阖，左右逢源。会彬欣然接受了我的建议，并做出了一篇高质量的博士学位论文（2013年山东省优秀博士学位论文）！本以为会彬从此放弃了这个题目。今天看来，他当时还真是没有死心：摆在我眼前的书稿就是个证据！既然请我作个序，少不得我还得啰唆几句。我还是从自己对这个句式的认识说起吧。

谈到"广义遭受句"，我们首先想到的就是"王冕死了父亲"这个典型例句。"王冕死了父亲"这个句子，最早可追溯到小说《儒林外史》里，其中有句"这人姓王名冕，在诸暨县乡村里住，七岁上死了父亲，他母亲做些针指，供给他到村学堂里去读书……"。1955年，吕冀平先生在"主语宾语问题大讨论"中援引"王冕七岁上死了父亲"为例。结果一发不可收，先后有吕冀平、邢公畹、傅子东、王宗炎、贾布基娜、王力（王了一）、曹伯韩、李人鉴、陈仲选、任铭善等前贤予以关注，并参与讨论。这个句式由此成为汉语语法界的一个热点，半个多世纪以来，几度引发学界热议。

20世纪50年代的"主语宾语问题大讨论"虽然对这一句式没有定论，

但毕竟发人深思。不仅如此,还引发学者们对照搬西方结构主义理论框架解释汉语事实的质疑:西方的主语、宾语概念是否可以直接套用于汉语?主语、宾语到底该从形式上界定还是从意义上界定?主语是否为主题事物?宾语是否有其存在的必要性?……

半个多世纪过去了,这一句式的关注热度近些年来增势不减。一个小小的句式,众多学者耕耘,会彬能在众多研究中争得立锥之地,我这做师傅的,欣慰有加的同时,也能深切感受到会彬在做此研究时内心时而的纠结与挣扎,体味到他的辛酸和甘甜。该书第二章第四节中说:"这一句式的研究历史表明,现代汉语语法研究,经历了一个从照搬西方理论到理论与汉语事实有机结合的过程,而推动这一研究的两个核心因素是理论创新和语料发掘。"会彬的研究,何尝不是如此!这部书稿,自始至终就是一个理论创新和语料发掘的场景,就是一场不断自我否定、自我否定之再否定的思辨!在前人研究的基础上,他先是尝试引入新理论——CP 分裂假说(第三章),接着扩展研究语料,拿汉语的"王冕死了父亲"句式与日语对比(第四章),然后他再增加非典型宾语的语料,并纳入了韵律语法思想(第五章),之后再回到非宾格理论,并予以升级,以增强解释力,同时推及广义遭受句式(第六章)。整个论证下来,呈现给我们的就是一个螺旋式上升的心路历程。

这本书的意义已无须多言。正如作者在其文献回顾部分(第二章第四节)所说的:"从一定意义上说,这一句式的研究集中反映了中华人民共和国成立以来我国语法理论界对西方理论的引进、与本土语言事实结合以及推陈出新的过程,反复论证,不断创新。"亦如完权(2018)所言,这一句式研究,"折射了半个多世纪以来汉语句法分析方法的嬗变史,成为汉语特殊句式研究方法的一个总研讨"。回顾半个多世纪里"王冕死了父亲"句式的研究历程,我们不能不承认,这一句式研究承载了几代人的探索之梦。

广义遭受句式研究之艰难,真是无法用语言说清道明!但真正的学者,不会因为艰难险阻就停下前进的脚步;真正的学者,敢于直面研究困境,正视过往不足,并在研究中披荆斩棘,一路高歌前行。我相信,会彬是一个真正的学者。于他而言,这次的研究,只是他一个小小的路标,相信他未来的研究道路会极其漫长。希望他能在研究道路上勇攀高峰,不断冲破藩篱,提升自我。

  有感于以上诸多,我深味语言研究的任重道远——语言学的研究没有终结,只有突破,突破,再突破。

  是为序。

2020 年 8 月 12 日

前　言

一、命名缘起：何为广义遭受句？

"王冕死了父亲"这句话曾在汉语界掀起轩然大波——先是 20 世纪50 年代的"主语宾语问题大讨论"（如吕冀平，1955，1956；邢公畹，1955；曹伯韩，1956；傅子东，1956；王了一，1956；徐重人，1956；肃父，1956；等等），之后又是学者们从各个角度对其做出解释，一时间成为研究热点。仅从其无数命名便可以看出端倪，如郭继懋（1990）称其为"领主属宾句"，徐杰（1999，2001）用了"保留宾语句式"，郭继懋（1999）、刘晓林（2004）、朱行帆（2005）、胡建华（2008）将其称作"不及物动词带宾语的现象"，韩景泉（2000）强调"领有名词提升移位"，沈阳（2001）用"名词短语分裂移位"，孙晋文和伍雅清（2003）、徐盛桓（2003）称其为"不及物动词带宾语的 SVN 句式"，潘海华和韩景泉（2005）改用"显性非宾格动词结构"，沈家煊（2006）直接用"'王冕死了父亲'这类句子"，王珍（2006）用"不及物动词带宾语结构"，石毓智（2007）用"'王冕死了父亲'之类句子"，安丰存（2007）使用"领有名词提升移位现象"，刘洋（2007）则用"汉语领有名词提升结构"，陈宗利和肖德法（2007）、马志刚（2008a，2008b，2009，2013）还沿用传统，称之为"领主属宾句"，王志军（2007）从及物性的角度重新分类命名，称之为"无及物性"句子，任鹰（2009）则改用"领属句"，李杰（2009）将其与隐现句合称为"发生句"。

近年来，随着研究的深入和语料的发掘，越来越多的语言事实表明，汉语中不仅非宾格动词（unaccusative verb）会带宾语，非作格动词

（unergative verb）也有带宾语的现象（刘探宙，2009）。因此有必要将这两类句式放在一起开展研究。

考虑到这类句式的表"遭受"功能，并结合以往研究和我们自己的理解，我们将这类不及物动词带宾语的现象统一称为"广义遭受句"。

当然，在具体展开论述时，我们将先以"王冕死了父亲"句式展开，逐渐扩及"病笑"类，并尝试对后者出现频率较前者偏低的问题给出解释。同时，还会对两者与非典型宾语在搭配上的差异做出一定的探讨。

二、本书的研究目标和研究内容

广义遭受结构，作为一类特殊的语言现象，能从多个方面折射人脑进行语言信息处理的机制，其不仅在语言研究领域有重要的研究意义，在信息处理、认知科学、心理学、哲学等领域也受到一定的关注。

在当前汉语语法研究领域，广义遭受结构已经成为一个重要议题。20世纪中期，以赵元任、吕叔湘、朱德熙、黄国营等为代表的老一辈学者，已开始思考这类现象，对其定性、语义特征、产生动因、形成机制等进行了论述。遗憾的是，囿于当时的理论局限，这类研究在学界长期未能引起足够重视。

广义遭受结构真正引起学界的广泛关注，是从徐杰（1999，2001）开始的。众多生成语言学家、认知语言学家不断加入这一研究行列，从不同的理论视角对这一现象进行研究，如徐杰（1999，2001）、韩景泉（2000）、沈阳（2001）、温宾利和陈宗利（2001）、逯艳若（2002）、马莉（2003）、孙晋文和伍雅清（2003）、潘海华和韩景泉（2005）、朱行帆（2005）、王奇（2006）、程杰（2007）、安丰存（2007）、陈宗利和肖德法（2007）、刘洋（2007）、马志刚（2008a，2008b，2009，2013）、杨大然（2008）、徐杰（2008）、胡建华（2008）、刘探宙（2009）等从形式的角度对这一句式开展研究，徐盛桓（2003）、刘晓林（2004，2007）、沈家煊（2006）、王珍(2006)、刘国辉(2007)、石毓智(2007)、王志军(2007)、任鹰(2009)等则从认知的角度对这一句式进行研究。此外,还有学者从语义的角度(如郭继懋,1999;司联合,2004)以及汉语史的角度(如帅志嵩,2008)对其形成做出了解释。

从描写到阐释,从静态到动态,广义遭受结构研究正在逐步深入。然而,到目前为止,这一工作仍处于探索和尝试阶段。多数研究还在为解释而解释,过于注重广义遭受结构的产生机制,而缺乏对广义遭受结构的分类和研究,甚至其基本的理据性也有待进一步深入考察。这一现状和趋势为本书提供了研究思路,并预留了研究空间。据此,本书提出如下的基本研究思路。

首先,认真回顾以往的研究,总结其成就,指出其不足,获取启示。

其次,在充分研读上述文献的基础上,对这些理论和观点进行综合考察、消化吸收和合理借鉴,并争取在以往研究的基础上向前推进:

(1)广义遭受结构是如何形成的?是什么原因导致的?能否通过单一手段(如句法手段)推导?如不能,该引入哪些因素予以解释?汉语的具体特点(如句法特征、信息结构、话题突显)是否对广义遭受结构现象的形成有所影响?

(2)为何会形成广义遭受结构?该结构能否恰当地表达语义、传递信息?如能,这一过程是如何实现的?

(3)从跨语言的视角来看,其他语言中是否存在广义遭受结构?这些语言与汉语的异同何在?对解释汉语的广义遭受结构有什么启示?

三、本书在理论和方法方面的突破

较之以往的研究,本书在理论和方法上都有所突破。

(1)本书并没有在一开始就设定一个理论框架,并使得后面所有的讨论都限定在这一理论框架内。本书对理论框架采用一个开放式的态度,先是引入 CP 分裂假说（split CP hypothesis），并在此基础上不断探索推进，兼收并蓄，取其精华，最终形成一个包含非宾格假说（unaccusative hypothesis）①、CP 分裂假说、核心重音（nuclear stress）原则等的综合的理论模型。沿用转换生成语法理论，兼顾语义、语用、信息结构等方面，统筹兼顾，全面考察。

（2）跳出单一句法模块的局限。以往的研究多用句法模型，比较受限，本书则以多维视角研究汉语的广义遭受结构现象，认为虽然部分广义遭受结构可在句法层面上推导完成，但还有很大一部分是在从句法层面向音系层面以及句法层面向语义层面的投射过程中形成的，这将有助于从根本上揭示汉语广义遭受结构的本质。本书会考虑汉语与周边语言的差异；而在具体考察汉语复杂结构时，既从共时的层面上考察，又从历史的视角审视这些现象的由来，以确保所做出的解释不会与历史语料相冲突。

（3）在研究方法上，努力避免生成语法传统内省法的不足，借助于句子的合法性调查做出判断，并辅以语料库获取语料（尤其是历史语料），有利于保证语料的恰当性和结论的正确性。

本书在沿用生成语法传统演绎法的同时，还采用逆推法，即根据一个未知的数经过数次的变化得到的结果去推出未知数的方法。也就是把问题发生的顺序倒过来，采用逆推的方法逐步还原，从而使得我们顺利对事物进行正确的判断。通过这一方法，本书将构建能够阐释这一语言现象的理论框架，对自然语料做出解释，以供此后的研究进行检验和批判。

另外，在语料选取方面，广义遭受结构的一个重要特点就是对它们的诠释离不开语境。为保证语料的恰当性，本书有意识地避免使用生成语法传统的内省法，而尽可能多地采用调查法，以大量人群的判断结果来决定语料的最终取舍。此外，本书还充分利用语料库获取语料，特别是历史语料。历史语料中的广义遭受结构，仅靠直觉内省很可能会忽略，而通过对语料库中的历史语料多次、反复检索，则可能发掘出有代表性的例句，有

---

① 对此术语，本书中有时用"非宾格理论"，所指无差异。特此说明。

助于做出进一步分析。

四、本书的结构设计

本书结构安排如下：第一章对"王冕死了父亲"早期论辩做了回顾，考察该论辩之起因，探究论辩缘起之根本；第二章主要对"王冕死了父亲"句式现状做一详细回顾，并据此提出了启迪和展望；第三章引入新的理论框架，对"王冕死了父亲"句式做了尝试性的探究；第四章将之前的研究扩展到日语的"太郎は父に死なれた"句式，并把两种语言中的被动结构一并考虑进来；第五章把讨论的范围扩展到所有的不及物动词带宾语现象，同时理论方面也加以跟进，引入韵律句法理论，并对不及物动词带宾语的动因以及受限问题予以探讨；第六章是理论回归的一章，重新审视非宾格理论，对其进行深度思考和探索，从而做到对两类不及物动词携带非典型宾语以及推导广义遭受句式的差异问题做出阐释；第七章是结语部分。

目　　录

序言

前言

缩略语

第一章　从"王冕死了父亲"的论辩说起 ·················· 1
　第一节　论辩之始 ····································· 1
　第二节　"王冕"的地位论辩 ··························· 5
　第三节　"死"的内外动词之辩 ························· 9
　第四节　"父亲"的句法地位 ··························· 13
　第五节　形式和意义的分歧 ····························· 17
　第六节　小结 ··· 22

第二章　"王冕死了父亲"研究再出发 ···················· 24
　第一节　对该句式研究的不断提升 ······················· 24
　第二节　对该句式研究的突破 ··························· 35
　第三节　对该句式研究的评价 ··························· 46
　第四节　小结 ··· 53

第三章　理论革新的一次尝试——引入 CP 分裂假说 ········ 55
　第一节　CP 分裂假说 ·································· 56
　第二节　汉语的话题突显与焦点化问题 ··················· 62
　第三节　"王冕死了父亲"句式的推导 ··················· 65
　第四节　小结 ··· 72

第四章 语料扩展——汉日对比视野里的广义遭受句式 ································ 73
- 第一节 新增汉语语料的挑战与应对 ································ 74
- 第二节 跨语言语料——日语中的"王冕死了父亲"句式 ································ 77
- 第三节 日汉广义遭受句式的派生机制探讨 ································ 82
- 第四节 小结 ································ 89

第五章 理论再尝试——韵律句法视角下的广义遭受句式解释 ································ 91
- 第一节 引入韵律——理论革新再尝试 ································ 91
- 第二节 汉语不及物动词带宾语的动因探讨 ································ 95
- 第三节 汉语不及物动词带宾语的受限问题 ································ 100
- 第四节 小结 ································ 102

第六章 理论回归及其解释力——广义遭受句式现象再审视 ································ 104
- 第一节 非宾格与非作格的分野——兼及"非宾格假说"和"Burzio 原则" ································ 104
- 第二节 汉语非典型宾语现象研究 ································ 107
- 第三节 广义遭受结构的再探讨 ································ 119
- 第四节 小结 ································ 128

第七章 未来可期——"广义遭受结构"研究的可拓展空间 ································ 129

参考文献 ································ 134

后记 ································ 147

缩略语

Agr	一致
Appl	涉用成分
ApplP	涉用短语
Asp	体
AspP	体短语
C	标句语
CL	量词
C（omp）	标句语
CP	标句短语
D	限定语
DS	D-结构
DP	限定短语
FinP	有定短语
Foc	焦点
FocP	受焦短语
ForceP	导句短语
I（nfl）	屈折范畴
IP	屈折短语
LF	逻辑式
N	名词
NP	名词短语
P	介词

PF	音系式
PP	介词短语
PRO	语音上为空的代名语
Spec	指定语
SS	S-结构
Subj	主语
T	时
Top	话题
TopP	话题短语
TP	时短语
V	动词
v	轻动词
VP	动词短语
vP	轻动词短语

第一章

从"王冕死了父亲"的论辩说起

在过去的半个多世纪里,"王冕死了父亲"句式作为汉语特有的一种语言现象,引起学界广泛的关注,他们从各自的角度对其进行了详尽的描写和解释。可以说,这一句式的研究,在一定程度上折射了过去半个多世纪汉语句法研究的嬗变历程。

第一节 论辩之始

早在20世纪50年代的"主语宾语问题大讨论"中,便有许多学者开始对"王冕(七岁上)死了父亲"句式表示关注(张汝舟,1952;吕冀平,1955,1956;邢公畹,1955;傅子东,1956;王宗炎,1956;贾布基娜,1956;王了一,1956;曹伯韩,1956;李人鉴,1956;陈仲选,1956;任铭善,1956;徐重人,1956;肃父,1956)。

追踪文献,我们不难发现,关注"王冕死了父亲"句式的研究,较早的应为张汝舟(1952)。张汝舟先生援引"王冕死了父亲"的例子是为了反对"倒装说"。其原文如下(张汝舟,1952:7):

其次我最反对"倒装说"。李荣先生说:"讨论语法,最好不随便应用省略说",接着又说:"倒装省略,都是勉强的说法"。(《新建设》四卷四期)我极不高兴一些语法学者,滥用"省略说"滥用"倒装说",就随便埋没我们祖国语言的优越性了!例如:

（一）王冕的父亲死了。
（二）王冕父亲死了。
（三）王冕死了父亲。

这是我们语言最普通的三个句型，表达不同的意思：（一）重在"父亲"，次在"王冕"；（二）重在"王冕"，次在"父亲"；（三）专重"王冕"，"父亲"更为次要。在文言里，只能有两个句型：

王冕之父已死。
王冕父已死。

在英文里，只能有一个句型：
Wang-mien's father was dead.

假使要用"省略说"解释（二），用"倒装说"解释（三），硬说是"三而一""一而三"：这不是埋没是什么？

不久之后，《语文学习》编辑部发起了"主语宾语问题大讨论"[①]，其中，"王冕死了父亲"成为最受大家关注的句子之一。对这一句式开展讨论的学者有吕冀平、邢公畹、傅子东、王宗炎、贾布基娜、王力（王了一）、曹伯韩、李人鉴、陈仲选、任铭善等。这场讨论格外深入，发人深思。我们不妨对这场讨论做一简要回顾。

作为这场大讨论的开篇之作，吕冀平（1955）便抛出了"王冕死了父亲"这一句式，他的研究方案是把"死了父亲"与"生了孩子"做对比[②]：

[①] 其主要参与者的观点后来由中国语文杂志社汇编成《汉语的主语宾语问题》一书，本段所列参与"王冕死了父亲"句式讨论的参与者便是按其文章在《汉语的主语宾语问题》一书中出现的先后排列。

[②] 引自吕冀平（1955）《主语和宾语的问题》，《语文学习》，第7期，第10页；亦见吕冀平、李之琛、陈凡等（1956）《汉语的主语宾语问题》，北京：中华书局，第14页。此处的（标点）格式主要依据后者。全书此类两个出处的引文，除特殊说明外，均依据较早版本；如前后（标点）格式存在差异，则参后者。

有的同志说，倒装就是倒装，不一定要还原。我们姑且承认这种说法，但这种析句方法仍然有不少困难。请看：

王冕七岁死了父亲。

李大可四十九岁时生了一个孩子。

这两句无论从哪一方面看都应该是相同的句式。说"孩子"是宾语，不会有人持异议；可是说"父亲"是宾语就有问题了，因为他并不是受事。有人把前一句称为"表句"，意思是它的谓语里虽然有动词"死了"，可是并没有施受关系。①要是这样，那就也有理由把后一句列入"表句"；但又将有人不同意，原因是"孩子"可以说成受事，跟"父亲"不同。

很显然，吕冀平先生的出发点还是在施受关系方面，这里面涉及好几个重要概念，如"倒装""句式""宾语""受事"等，这些在后世的研究中一直都是关键词。

与吕冀平先生的观点不同，邢公畹（1955）是从动宾的位置谈起的②：

> 造句法上的动宾结构，两成分之间的关系，是语法上的特定的抽象关系，不是个别的、具体的语词之间的逻辑关系。个别的、具体的语词之间的关系是极其复杂的，而语法上的关系却是概括的、抽象的、本质的。要是把语法上的关系跟逻辑关系等同起来，比如说宾语是动谓词所表示的行为的受动者，主语是施动者等等，这种解释自然显得很具体，但另一方面却失去了抽象性和概括性，以此为依据来分析某一些句子的时候，就会使辛勤的研究者迷失在错综繁复的语言材料里。

---

① 吕冀平先生此处指明，参引张汝舟（1952）《谈谈"句子"构造》，《语文教学》，第8期，第8页。

② 引自邢公畹（1955）《论汉语造句法上的主语和宾语》，《语文学习》，第9期，第26页；亦见吕冀平、李之琛、陈凡等（1956）《汉语的主语宾语问题》，北京：中华书局，第43-44页。此处的（标点）格式依据后者之标准。

例如:

  王冕七岁上死了父亲。

  如果把这里的主语了解为逻辑上的施动者,那末前半句话就会被了(理)解为"王冕七岁上死了"。把这里的宾语了(理)解为逻辑上的受动者,那末后半句话就会被了(理)解为"弄死了""害死了"或"杀死了"父亲。从逻辑出发去解释语法结构上的各种关系,结果就反而跟逻辑抵触起来。

  依照语法上的分析,"王冕"是名词(体词的一种),在动谓词前,跟动谓词及其宾语发生了主谓关系,成为谓语所说明的主题事物,所以是主语。因此判断"王冕"是不是主语,问题不在于它是不是施动者,而在于它是不是名词,为什么它是名词。这就是说,汉语名词在外部表现上(形态上)有些什么特点(在这篇文章里也不讨论名词的外部表现)。"父亲"在动谓词"死了"之后,使动谓词的意义更具足,所以是宾语。"死了父亲"是全句的谓语,所以在节奏上结合得很紧,"父"字是重音节。

傅子东(1956)则针对邢公畹表达了更是强烈的批评①:

  在前头的体词或主题事物,就是主语,这完全没有说明主词的内含或意义,因此这个主语是不可理解的。动词扮演的述词须带宾语或否,是决定于动词本身的性质的(动宾关系这个术语是不正确的,《语法理论》87页上有说明),也就是说外动词扮演的述词才必带宾词,"内部关系""外部表现"这两个术语是很好的,可是就述词和宾词的关系说是不必要的。以动词(应该是述词)在前,宾词在后来说明外动词扮演的述词和它所带的宾词间的内部关系的外部表现是不符合语言的客观实际的,因为宾词可以在各种形式下居于述词之前。语音的背后是它表示的意义,唯心论者叶思丕森没有认识这个唯物论的

---

① 引自傅子东(1956)《主语和宾语》,见吕冀平、李之琛、陈凡等(1956)《汉语的主语宾语问题》,北京:中华书局,第78-79页。

原理,说道,语法首先应当注意语音,其次才是文字;认重音节所在就是宾语,显然不是在马克思主义语言学说的正确指导下得出的结论。使动谓词的意义更具足就是宾语,这个原则应用到"你走慢了"这句话上,"慢"应该是宾语,因为它使动谓词走的意义更具足。宾语认为在述词后,或是重音节之所在,或使动谓词的意义更具足,都没把宾词的内含或意义说出来,因此这个宾语是不可理解的。

这场主语宾语大论战的序幕由此拉开。总体看来,这一时期涉及"王冕死了父亲"的辩论基本上就是围绕着"王冕""死(了)""父亲"的句法地位展开的。下面我们也将围绕这三点逐一展开讨论。我们不妨先从"王冕"说起。

第二节 "王冕"的地位论辩

这一时期,多数学者都涉及"王冕"的地位问题。由于"王冕"与"死"没有施受关系,对其地位的界定就难免产生了分歧,一类学者坚持"王冕"仍为主语,例如[1]:

> "王冕"是名词(体词的一种),在动谓词前,跟动谓词及其宾语发生了主谓关系,成为谓语所说明的主题事物,所以是主语。因此判断"王冕"是不是主语,问题不在于它是不是施动者,而在于它是不是名词,为什么它是名词。
>
> ——邢公畹(1955)[2]

---

[1] 从其论述看,吕冀平(1955)、王了一(1956)、李人鉴(1956)、陈仲选(1956)、任铭善(1956)等虽然没有讨论"王冕"的句法地位问题,但他们似乎默认"王冕"为主语。

[2] 引自邢公畹(1955)《论汉语造句法上的主语和宾语》,《语文学习》,第9期,第26页;亦见吕冀平、李之琛、陈凡等(1956)《汉语的主语宾语问题》,北京:中华书局,第44页。此处的(标点)格式依据后者之标准。

> "王冕……"这个句子正是这样的,"死了父亲"这个子句(句子形式)在这里起了表语的作用,它不是叙述主语"王冕"的行为,而是描写有关"王冕"的情况。

——曹伯韩(1956)[①]

还有一些学者则为"王冕"句法地位的界定做了新的尝试,如傅子东(1956:78)提出将"父亲"看作主词,而"王冕"则是主词附加词:

> 从汉语的习惯说,主词是动作者"父亲","王冕"是主词的附加词,"死"是内动词,死这个动作的影响不达到别的事物,所以不需要宾词。(参看《语法理论》,114-115页)

在这一基础上,傅子东(1956:89-90)又对这种结构做了进一步的诠释:

> 为突出主词附加词主词可以倒置在内动词扮演的述词之后,如果主词附加词所指的是主词所指的事物的所有者。照汉语的习惯,某些内动词扮演的述词,其主词是表所有关系的偏位名词(或领位的形附)和指偏位名词所属或所有的事物(包括人)的主位名词构成的,那么,主位名词就可以居于述词之后,例如:"天色变了,蚕豆花开,三趾马的脚趾的变化起了,小二黑(怒)火发了,他的慈母般的和蔼又恢复了",可以改为"天变了色,蚕豆开花,三趾马的脚趾起了变化,小二黑发了火,他又恢复了慈母般的和蔼"(在不同的对话环境中后两句可以解释为小二黑使<怒>火发了,他又使慈母般的和蔼恢复了)。那以为"王冕七岁上死了"和"弄死了,害死了或

[①] 引自曹伯韩(1956)《主语宾语问题随感》,《语文学习》,第1期,第30页;亦见吕冀平、李之琛、陈凡等(1956)《汉语的主语宾语问题》,北京:中华书局,第193页。

杀死了父亲"的，是割断主词、述词、偏位词的形态及其内在的联系，是认定它们的内容不能决定它们各自的形态；如果说那样的解释是从逻辑出发的话，这个逻辑不但不是辩证的逻辑，而且也不会是形式的逻辑吧！

然而，有趣的是，换用今天的眼光，我们不难看出，当时的学者其实是在话题与主语之间游移，将"王冕"界定为主语，显得不是那么规范，而要给它找一个合适的称呼，则又颇是为难。更有意思的是，这一时期，已有较多的学者开始思考将"王冕"处理为话题（或者说主题）的问题，如曹伯韩（1956）如此谈到[①]：

> 由上面所说看来，主语是表现主题事物的成分，在一般情形下，它的位置在谓语前面，这样结合意义和词序来谈，较为妥善。在这个一般的规律之下，我们可以再来区别叙述句和描写句（后者可以用时间词、地位词作主语，主语对谓语没有施动、受动的关系），而在叙述句之中又区别主动句和被动句（后者主语是受动者）。此外我们还可以发现某些特殊句型，如叙述句中的存现句（如"台上坐着主席团"）的结构是"附—谓—主"，描写句中的以叙述子句为谓语的句子（如"王冕死了父亲"）的结构是"大主—谓—小主"。

贾布基娜（1956：147-148）也谈到：

> 现在让我们比较以下两个句子："那个村子里死了一个人"和"那个村子死了一个人"。关于这样的句子，人们常肯定说，按意义说，它们实质上没有什么差别，在语法方面，也没有差别。当然这些句子，

[①] 引自曹伯韩（1956）《主语宾语问题随感》，《语文学习》，第1期，第31页；亦见吕冀平、李之琛、陈凡等（1956）《汉语的主语宾语问题》，北京：中华书局，第195页。

按内容说，实际上非常接近，但在语法上，照我看，却是完全不同的句子。在前一句里，名词后头有后置词，所以是状语的形式；在后一句里，名词以可以作为主语的特征的零句法形式出现。这个名词的具体语义，即在这个句子里用真实内容的观点看，是表示地点的，与句子的语法分析没有关系。

所以在"那个村子死了一个人"这个句子里，名词"村子"以主语的形式出现；可是这个主语不属于通常的类型。在通常的动词双成句中，谓语前头以主语形式出现的名词是谓语所表现的动作的语法发出者。在这个句子里，名词和后头的动词之间却没有谓语性的联系。假如动词"死了"与名词"村子"的关系是动词句中谓语与主语间的关系，那么动词后头的名词可以省略；在带不及物动词谓语的动词双成句中，句子的最小成分是可以减缩到只有两个主要成分——主语和谓语的。但是在这些句子里，这样做却是不可能的，因为假如省略了动词后头的名词，那么剩下来的部分或者根本不能构成句子，或者（比较少见）完全被理解为另一种意义了。无论如何，原有的句子已被破坏了。同时，在这样的句子里，我们常常可以把动词前头的名词省略，而剩下来的部分还可以构成句子（例如"死了一个人"）。

象（像）"那个村子死了一个人"这样的句子应该归入变相的主题句子[1]一类。在这句子里，头一个名词是主语——主题，它的谓语用句子形式表现。在这个句子形式谓语的成分内，动词后头的名词是谓语所表现的动作的语法发出者。在"死了一个人"这个句子里，从词序出发，动词后头的名词常被看作宾语。这是不正确的，因为在动词"死了"和名词"一个人"之间没有可以作为动宾结构的特征的那种动作和接受这动作的影响的事物之间的语法上的相互关系。在"死了一个人"这个句子里，"一个人"是主语，它之所以被放在动词后头

---

[1] 贾布基娜在此以注释指明："关于主题句子，参看穆里：《汉语的结构原则》，卷1，北平，1932年，169-171页。"

的位置是由它的不确定的性质决定的①。所以这种变相的主题句子的语法特征如下：动词前头的名词有零句法形式，即主语的形式，但按照它与后头的动词的关系来说不是语法发出者。充当谓语的动词不与前头的名词发生关系，而与后头的名词发生关系，它与后头的名词一起构成句子，作为主语——主题的谓语。

应当说，这一时期的思考对后世影响深远，且直至今天仍以"话题说明观"（Chao，1968）的面目影响着汉语语法界。

第三节　"死"的内外动词之辩

在20世纪五六十年代，学者们常把动词一分为二——内动词和外动词，内动词后不能带宾语，外动词后可以带宾语，恰恰是这一分别引发了一场论战。因为"死"分明是一个内动词，可在"王冕死了父亲"一句中，它却带有了"宾语"（按照某些学者的观点）。为解释这一问题，学者们各出奇招，其中最有影响的当是王力先生（王了一，1956）②：

> 意义往往是随着结构形式转变的，某词在某种结构形式里，已经不再是词典里的原来意义。例如"王冕七岁上死了父亲"，按汉语语法的一般规律，动词下面加"了"字，"了"字后面再加名词，这动词就是一个外动词（"了"字后面加"三次"之类是例外），因此，

---

① 作者在此以注释指明："关于动词后头主语的不确定的性质，参看穆里前述著作卷1，162-178页。"
② 引自王了一（1956）《主语的定义及其在汉语中的应用》，《语文学习》，第1期，第24-25页；亦见吕冀平、李之琛、陈凡等（1956）《汉语的主语宾语问题》，北京：中华书局，第178-179页。

这里的"死"字已经变了外动性质。这句话的结构和"王冕七岁丧父"是同一类型的。严格地说,当然不能说"死"就等于"丧失",因为"死"字由内动变外动,而"丧失"本来就是外动。但是,我们应该承认一个词除了经常职务之外往往还有临时职务,临时职务不是词典里所能一一规定的。

正是因为有了上面的考虑,王力先生(王了一,1956)并不认为"王冕七岁上死了父亲"与"李大可四十九岁时生了一个孩子"是相同的句式①:

> 吕冀平同志提出"李大可四十九岁时生了一个孩子"一句话,以为它和"王冕七岁上死了父亲"无论从哪一方面看都应该是相同的句式。我以为并不相同,因为"死"字本来不是外动词(词典上不能注它外动),而"生"字本来就是外动词。在词典里,我们可以注明作为动词的"生"字有两种词性,一种是内动词,意义是"死"的反面(《论语》:"未知生,焉知死");另一种是外动词,意义是"生出来"。前一种意义在现代普通话里很少用了,我们平常口语总说"死活",很少说"生死"。后一种意义才是最常用的意义,从《老子》"道生一,一生二,二生三,三生万物"一直到今天的"鸡生蛋"都是这个"生"。从这两个例子上,也可以看出内容和形式不可分割的道理。

也就是说,王力先生认为"死"一旦加上了"了"就从内动词变成了外动词。然而,很显然,这个"死了"仍然不同于真正意义上的外动词。这也正是为什么王宗炎(1956:120)指出"王冕死了父亲"中的"死"和

---

① 引自王了一(1956)《主语的定义及其在汉语中的应用》,《语文学习》,第1期,第25页;亦见吕冀平、李之琛、陈凡等(1956)《汉语的主语宾语问题》,北京:中华书局,第179页。

"彼欲死之而后快"中的"死"相比较,"这两个'死'字的意义是有一定的区别的,因为后者是有心要把别人害死,前者却是遭遇不幸的事故……这两个'死'字加上宾语,一个表示无意的结果,一个表示有意的结果"。可见,"死了父亲"不能简单理解为外动词了事,而应当从别的角度去理解。在这一点上,正如李人鉴(1956:34)所指出的,"动词除本身所含的意义外,还可以在句子里表示其他意义",而"王冕死了父亲"中的"死了"兼表丧失的方式。此外,王力(王了一)、李人鉴、徐重人等也都认为"死"在这个句子中相当于"丧失"。

徐重人(1956:35-38)对动词的作用的表达更为直接。他指出:

> 事实很明显,这个句子之所以使语法学者伤尽脑筋,原因只在一个"死"字。照字面,"死"所指称的行为,明明属于"父亲",却偏放在"王冕"与"父亲"之间,于是问题就来了……
>
> ……………
>
> 有些句子,如果把动词解释得死,会使人钻入牛角尖,越钻越胡涂[①]。例如:
>
> 我晒太阳。
> 大家烤火。
>
> ……………
>
> ……其实"我晒太阳"的"晒","大家烤火"的"烤",都是"取暖"的意思,它们所指称的行为,应该属于"我"和"大家",绝对不能属于"太阳"和"火"……
>
> ……………
>
> 说到这里,我们可以得出这样一条规律:在汉语里,有时把表示宾语行为的动词移属于主语,有时甚至把表示句外"施事"行为的动词移属于主语,作为句子的谓语,但均须引伸或改变其意义。
>
> ……………

---

① 按照当今的正字法,当作"糊涂"。

因之,"王冕死了父亲"这个句子,我们可以改变说法,把它说成下面几种不同的样子:

王冕没了父亲。

王冕失去了父亲。

王冕丧父。

这样一改,意义不变,"主——动——宾"①的关系就很明确,根本用不着争论了。

李人鉴(1956:202)认为②:

(丁)从句子的结构看:在汉语中,叙说同类事件的句子,哪怕它所表示的恰巧是相反的两种情况,也往往采用同一种结构形式来表达,这大概是语言的类化作用使然。例如:

他拾到了一块手帕　　他遗失了一本书

他生了一个儿子　　　他死了父亲

这都是说明遭遇的句子。虽然"得"与"失"是对立的,但是他(它)们同属于遭遇的范围,所以句子也就采取了同样的结构形式。一般讲语法的人对于这类句子,都承认"一块手帕"和"一个儿子"是宾语而不以为异;可是他们却感到把"一本书"和"父亲"当作宾语是有些别扭的,因而他们不承认这些是宾语而硬说他(它)们是主谓谓语中的倒置的主语。要知道在说明遭遇的句子里,句中动词所表示的动作并不一定是由主语发出的,凭施受关系来决定主语宾语的办法在处理这一类句子的主宾语问题时,是不一定完全适用的。

---

① 原文此处即使用的破折号,应为"主—动—宾"。

② 引自李人鉴(1956)《"宾语"这个术语能不能取消》,《语文学习》,第2期,第34页;亦见吕冀平、李之琛、陈凡等(1956)《汉语的主语宾语问题》,北京:中华书局,第202页。

说"王冕死了父亲"是"说明遭遇的句子",这一观点值得注意。但严格说来,我们认为应该有广义与狭义之分,如果说前三者是真正意义上(狭义)的"说明遭遇的句子",那么,"王冕死了父亲"就是广义的"说明遭遇的句子"。

第四节 "父亲"的句法地位

"王冕死了父亲"中"父亲"的角色和性质,总结起来,观点可归纳为三种:第一种,"父亲"是主语;第二种,"父亲"是宾语;第三种,"父亲"既非主语亦非宾语,而称为"补语"。

先看第一种观点。认为"父亲"是主语的学者,主要持意义观,之所以认定"父亲"是主语,其主要理由就是在"王冕死了父亲"这句话里"死"的人是"父亲",而不是"王冕";代表学者有曹伯韩(1956)、傅子东(1956)等。前面(参见本章第二节)已提到,曹伯韩(1956:195)认为,"王冕死了父亲"的结构是"大主—谓—小主"。傅子东(1956:90)则说:

> 判断"王冕"是不是主语,这个问题,当然不应以它是不是名词为规准,而是应根据它是否在句子整体中以动作者的形态出现来决定的。"父亲"使动谓词意义具足,就是宾语,这个说法,上节已证明是不正确的;词的意义是第一性的,音节的轻重是第二位的,以"父"字是重音节来断定"父亲"是宾语,那,词的形态是不为词的内容服务,而是词的内容的决定者。"他死了父亲"和"他父亲死了"这两个句子,外形上虽有异,就它们的内容或意义说绝对是相同的。那以为这样的解释是糊涂的,是违反语法规律的,是用逻辑关系来代替语法的,不过是形式主义者,看不见现象的多样性、复杂性,把现象的内部联系归结为现象的简单的顺序性,把语言和逻辑对立着,不明白语法规律和逻辑形式有不可分割的联系,而口语的逻辑性是随时代的

前进一天一天地加强起来的。

主张"父亲"是宾语的主要以邢公畹（1955）、任铭善（1956）和王宗炎（1956）为代表。前面我们已经看到，邢公畹（1955）明确地指出："'父亲'在动谓词'死了'之后，使动谓词的意更具足，所以是宾语。'死了父亲'是全句的谓语，所以在节奏上结合得很紧，'父'字是重音节。"①

王宗炎（1956:120）也认为"王冕死了父亲"中的"父亲"是宾语，他的论述如下：

> 又有人说，有的动词，它们的意义是否及物难以确定，因而施受关系、主宾关系也难以确定。"王冕七岁上死了父亲"，"父亲"怎么能说是"死"的受事呢？我以为，这也是误把客观现实和主观表述、逻辑和语感等同起来的缘故。"王冕七岁上死了父亲"和"彼欲死之而后快"，这两个"死"字的意义是有一定的区别的，因为后者是有心要把别人害死，前者却是遭遇不幸的事故。但是这个次要的区别，并不妨碍把它们归入较大的同样的类型，因此在语法关系上，"父亲"和"之"同样可以说是"死"的宾语。这两个"死"字加上宾语，一个表示无意的结果，一个表示有意的结果，正如同"丢脸、摔跟头"是无意的，"丢包袱、摔碟子"是有意的，然而同是动宾短语一样。

很显然，以上的讨论主要还是努力从意义上为"父亲"的宾语身份找寻理据。与此同时，有一批学者则主张以形式（位置）界定宾语。如任铭

---

① 引自邢公畹（1955）《论汉语造句法上的主语和宾语》，《语文学习》，第9期，第26页；亦见吕冀平、李之琛、陈凡等（1956）《汉语的主语宾语问题》，北京：中华书局，第44页。此处的（标点）格式依据后者之标准。

善（1956）指出[①]：

> 总起来说，我们不能执持一端，排斥他说。我们的态度和方法是：分析现象，从现象看它的关系，而以表达效果为判断。例如"王冕死了父亲"，"父亲"是不是宾语呢？就"死了父亲"这一件事来说，"父亲"是宾语。除非在"王冕他父亲死了"这样的句子里，"他父亲死了"成为句子形式的谓语，"父亲"才能成为部分主语。可是我们现在所说的是"王冕死了父亲"。就表达的角度来谈，"死了父亲"是一个动宾结构，但这并不否定了"父亲"的施事性质。

以李人鉴（1956）为例[②]：

> 根据我个人的看法，汉语中动宾关系所以非常复杂，大约有以下几种原因：
> （甲）从动词方面看：动词有施动、受动、使动等等用法。施动、受动用法用不着举例，下面举几个使动用法的例子：
> 　　　跑马　　斗蟋蟀　　住人　　开会
> 而且不少的形容词，也可以作使动词用，例如：
> 　　　红脸　　干杯　　麻烦你　　端正学习态度
> 这是动宾关系复杂起来的原因之一。
> （乙）仍旧从动词方面看：动词除本身所含的意义外，还可以在句子里表示其他意义。例如：

[①] 引自任铭善（1956）《主语、宾语问题是怎样的问题》，《语文学习》，第3期，第29页；亦见吕冀平、李之琛、陈凡等（1956）《汉语的主语宾语问题》，北京：中华书局，第233页。

[②] 引自李人鉴（1956）《"宾语"这个术语能不能取消》，《语文学习》，第2期，第34页；亦见吕冀平、李之琛、陈凡等（1956）《汉语的主语宾语问题》，北京：中华书局，第201-202页。

　　　　台上坐着主席团　　墙上挂着毛主席象①

这两例中的"坐着"和"挂着"兼表存在的方式。又如：

　　　　我睡大床　　他吃大碗

这两例中的"睡"和"吃"兼表使用的方式。又如：

　　　　王冕死了父亲　　张三遗失了二十块钱

这两例中的"死了"和"遗失了"兼表丧失的方式。又如：

　　　　我去量米　　你去秤②肉

这两例中的"量"和"秤"兼表获得的方式。这是动宾关系复杂起来的原因之二。

　　（丙）从宾语方面看：在汉语中，放在动词后面的实体词，除在动作直接支配下的事物外，还可以是与动作有关的能对动作起一些限制作用的各种实体词，如时间词、处所词以及表示动作的结果和使用的工具的名词等等。例如：

　　　　看夜　　走小路　　写文章　　照镜子

同一个动词，可能在它的后面带各种不同的实体词。例如：

　　　　吃饭　　吃馆子　　吃晌午　　吃大碗

这是动宾关系复杂起来的原因之三。

　　（丁）从句子的结构看：在汉语中，叙说同类事件的句子，哪怕它所表示的恰巧是相反的两种情况，也往往采用同一种结构形式来表达，这大概是语言的类化作用使然。例如：

　　　　他拾到了一块手帕　　他遗失了一本书
　　　　他生了一个儿子　　　他死了父亲

…………

　　正是因为这种争议，这时期已有学者开始对既有的宾语概念进行了有

---

① 按今日用字规范，当作"像"。特此说明。
② 原文即用"秤"，按今日用字规范，当作"称"。特此说明。

效的规避，如陈仲选（1956）①：

> 陈同志认为句子（包括动句）不能没有结构关系，但是可以没有施受关系；如"一张桌子四条腿坏了三条"，句子里虽然有动词，但是不能确指什么是施事，什么是受事。而施受关系也可能错综复杂；如"日本打仗打败了"，"日本"对"打仗"说是施事，对"打败了"说似乎是受事，又如"弟弟把妹妹哭醒了"，"弟弟"是"哭"的施事，"妹妹"是"醒"的施事。这些句子，凭结构关系比较容易分析。至于"这产妇死孩子死怕了"这一句，如果象（像）有些人把"王冕死了父亲"看作"王冕（主语或领位）父亲死了"的倒装一样从意义出发，就不能作出正确的分析；而实际上它跟"我走路走累了"同样属于"主—附—动—补"的类型。

李人鉴（1956）则干脆提出了取消宾语概念的想法，而改用"补语"。这一观点实际上后来得到了吕叔湘的认可和赞同（吕叔湘，1975，1979）。沈家煊（2010）也接受了这一观点。

第五节　形式和意义的分歧

20世纪50年代之时已经有了形式和意义的分歧。如曹伯韩（1956）②：

---

① 引自陈仲选（1956）《对于曹伯韩、高名凯两位先生论主语宾语的意见》之"再记"部分（引自《谈结构关系和施受关系》），见吕冀平、李之琛、陈凡等（1956）《汉语的主语宾语问题》，北京：中华书局，第218页。

② 引自曹伯韩（1956）《主语宾语问题随感》，《语文学习》，第1期，第30页；亦见吕冀平、李之琛、陈凡等（1956）《汉语的主语宾语问题》，北京：中华书局，第193-194页。

"王冕七岁上死了父亲"这个句子，如果因为用了动词"死了"就说它是叙述句，这还是形式主义的看法。我们要是结合意义来分析，就会发现用了动词的句子有时候会是描写句。"王冕……"这个句子正是这样的，"死了父亲"这个子句（句子形式）在这里起了表语的作用，它不是叙述主语"王冕"的行为，而是描写有关"王冕"的情况。所以在这句里"王冕"不是"死"的施动者。还有一点："王冕七岁上死了父亲"和"王冕七岁上父亲死了"内容虽然是一样，但作为描写王冕情况的句子应该采用前一句的形式；如果采用后一句的形式，"父亲"就占了主要地位，而"王冕七岁上"只是指明"父亲"死的时候罢了。这个句子也就不成为描写句，而是一般的叙述句。因此，我们结合意义来分析句子，对于句子成分顺装倒装的理由也容易了解。

这一时间，形式和意义之争已经初见端倪。如吕冀平（1956）对"王冕七岁上死了父亲"与"李大可四十九岁时生了一个孩子"两个句式有如下思考[①]：

> 王先生说把"王冕七岁上死了父亲"跟"李大可四十九岁时生了一个孩子"当成同一句式是不对的，原因是"死"是由内动转成外动，而"生"则根本就是外动。我在《主语和宾语的问题》里之所以要提出这个问题，就是想说明靠谓词的行为属于谁来判断主语是困难的。比如"死"不属于"王冕"而属于"父亲"；"生"不属于"李大可"（他是个男人），倒可以说属于"孩子"（如果理解成"降生"的话，如"在我底下，一连串又生下来三个弟弟"——冰心），但王先生并不把"父亲"和"孩子"看成主语。尽管"生"和"死"词

---

① 引自吕冀平（1956）《对于〈主语的定义及其在汉语中的应用〉的商榷》，《语文学习》，第3期，第30-32页；亦见吕冀平、李之琛、陈凡等（1956）《汉语的主语宾语问题》，北京：中华书局，第210-211页。

性上有所不同（如果是"降生"的意义，又相同了），还应该是相同的句式。

此外，针对王力先生（王了一，1956）的观点，吕冀平先生还表达了他深深的忧虑①：

> 在有关主语宾语问题的讨论中，王了一先生建议先解决主语问题。他说，"主语解决了，宾语问题也跟着解决了"。这办法值得商榷。就意义上的施受关系说，在有宾语出现的句子里，主语和宾语系于动词的两端②，抛开任何一端而单独地考虑另一端，都不容易得到满意的结果。实际上，主语宾语中最让人伤脑筋的也就是不能妥善地、概括地同时解决两者之间的关系。如果只从主语着眼丢开宾语不管，或者只从宾语着眼而丢开主语不管，问题是可以暂时解决的。可是涉及到另一端时，矛盾势必要重新出现。王先生这次论述主语问题的文章里就有这种缺点。王先生先给主语下了一个定义：主语"指称事物，谓词所指称的行为（包括主动、被动）、性质或属性是属于这一事物的"。然后根据这个定义把"隔壁店里走了一帮客"里的"一帮客"分析成主语。因为"走"这个谓词的行为是属于"一帮客"的。这样说当然是可以的。但是王先生又认为"按汉语语法的一般规律，动词下面加'了'字，'了'字后面再加名词，这动词就是一个外动词"，因而"王冕七岁上死了父亲"里的"死"也"已经变成了外动性质"。王先生并且把这个"死"跟"王冕七岁丧父"的本来就是外动的"丧"

---

① 引自吕冀平（1956）《对于〈主语的定义及其在汉语中的应用〉的商榷》，《语文学习》，第 3 期，第 30 页；亦见吕冀平、李之琛、陈凡等（1956）《汉语的主语宾语问题》，北京：中华书局，第 210 页。

② 作者在此以注释指明："就意义上的施受关系说，主语和宾语是动作的起点和止点。马建忠称它为起词和止词。吕叔湘《中国文法要略》在分析动作的施受关系时也用了这两个术语。"

（姑不论这个"丧"是"丧失"的意思还是"丧亡"的意思）相比，证明它确为外动词。一般地说来，外动词是要求带上一个宾语的[①]，因此这个"死"在这里总要有一个宾语。我揣测王先生不会把"王冕"看成宾语，那是不可理解的。而且根据把这个句子跟"王冕七岁丧父"相比一点来看，王先生认为"王冕"是主语，应该是毫无疑问的。说"王冕"是主语，当然也是可以的。问题是假使我们不仅要知道"王冕"是主语，而且要问"父亲"是什么成分的时候，矛盾就出现了。王先生可能回答我们，"死"既然是外动性质，"父亲"当然是宾语。说"父亲"是宾语也原无不可，如果我们不一定扣死了宾语一定是外动的受事者的话。不过王先生既然认为谓词所指称的行为是属于主语的，我们就会怀疑："死"这个谓词所指称的行为是属于谁的呢？我想应该是"父亲"。为什么"父亲"在这里不是主语反而成为宾语了？如果说"死"这个内动词加上"了"变成外动性质，何以"走了一帮客"的"走"同样加"了"而不是外动性质？我们把这两个句子排在一起比较一下就会更清楚了。

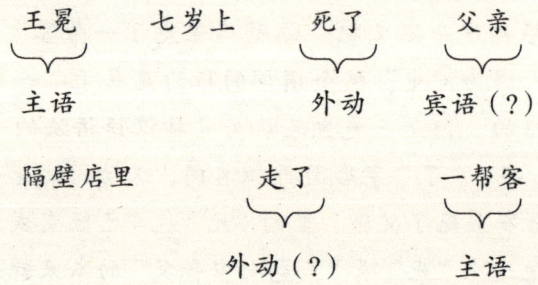

要是抛开动词前面的成分不管，只看这后一部分，这两个句子是完全相同的。可是王先生作了不同的分析。我想这原因就在于"走了"的前面是空间词而"死了"的前面是名词。王先生是主张空间词在一般

---

① 作者在此以注释指明："黎锦熙先生比较肯定地说，'词法上，外动必带宾'。见本刊1955年9月号《主宾小集》。"

的动词前面不能做主语的,因此只考虑"走"这个行为是属于"一帮客"的,就认为"一帮客"是主语。"死了"的前面是名词,王先生认为名词是能作主语的,因此就只去考虑"王冕",并把"死"和"丧"相比,肯定它是外动,以说明"王冕"确是主语。要是全面地考虑一下,追问"父亲"是什么成分时,矛盾就在眼前:要是王先生认为"王冕"是主语,那么就必须修改他前面给主语所下的定义;要是王先生认为他的定义是正确的,那么就必须取消"王冕"的主语资格。由此可见考虑主语的时候不能不同时考虑宾语。

事实上,早期的纠结主要还是"主语""宾语"的问题,具体说来,就是两个问题:"王冕"是不是主语?"父亲"能不能看作宾语?而这一分歧产生的根本原因就在于,围绕着汉语的主语和宾语的确定是采用形式标准还是意义标准的分歧。标准分歧太大,汉语的主语与谓语、动词与宾语的关系也被搞得极为复杂。学者们自然便被分入了两个阵营,一场"主语宾语问题大讨论",从一定意义上讲,就是两个阵营的公开论战。其中,支持形式标准的有张志公、中国科学院语言研究所语法小组成员、徐仲华、邢公畹等,支持意义标准的有黎锦熙、王力、吕叔湘、傅子东、王宗炎等。当然,也有学者兼而采之,如曹伯韩、吕冀平等,但在实际的运用中,不可避免还是会有侧重于形式和侧重于意义之分。我们择取几位代表人物列于表 1.1。

表 1.1 20 世纪 50 年代的"汉语主语宾语问题大讨论"概括表

主张	人物	标准		备注
		形式(结构、位次)	意义(关系、逻辑)	
主张形式为主	邢公畹(1955)	+	−	提出四条原则,作为讨论主宾语的基础
	徐仲华(1955)	+	−	主张从语法标志分析主语和宾语
	陈庭珍(1955)	+	−	主张分析主语宾语应该根据结构
	唐启运(1955)	+	−	主张语法结构决定主语宾语
	贵阳师范学院中文系二年级汉语科学小组(1955)	+	−	主张从结构形式上确定主语宾语

续表

主张	人物	标准		备注
		形式（结构、位次）	意义（关系、逻辑）	
主张意义为主	允川（1955）	−	+	主语是一句的主体
	岑麒祥（1955）	−	+	要把逻辑、语法、修辞加以区别
	李之琛（1955）	−	+	介绍吕叔湘对主语和宾语的分析
	王了一（1956）	−	+	从主语的定义谈主语宾语问题
	王宗炎（1956）	−	+	起决定作用的是意义
	颜景常（1956）	−	+	确认汉语主语宾语主要应根据意义
主张兼用形式和意义	吕冀平（1955）	+	+	语法分析必须充分注意结构，但又不能脱离意义，不能把两者隔离开来
	张其春（1955）	+	+	主张以词序为主，意义为辅
	周祖谟（1955）	+	+	主张以内容和形式的辩证关系来分析主语和宾语
	文炼和胡附（1955）	+	+	主张确定主语和宾语必须同时顾到意义和结构
	高名凯（1956）	+	+	从语法和逻辑的关系谈主语和宾语问题

汉语主语宾语的确定问题讨论延续不断，至今仍未有定论（丁声树等，1961；朱德熙，1982；饶琴，2004；范晓，2006；等等）。我们甚至可以预见，如果学者们在形式标准和意义标准的问题上纠缠，这场辩论将永远持续下去。

第六节 小 结

早期对于"王冕死了父亲"句式的描述性研究，是一个以西方的语言理论为参照点，自觉地用普通语言学的理论做指导的过程。陈平曾这样说过："迄今为止，我们在汉语语法研究中提到的所有重要理论、方法、概念、以至于一些术语，无一不在普通语言学理论著作中已经得到过详细的讨论和广泛的应用，在其他语言中已经有过深入的报道……普通语言学理论中的概念和方法运用于汉语往往非常成功。"（徐林，1989：49-50）这一点，在对"王冕死了父亲"句式研究的历程中体现得尤为明显。

当然，在引入西方理论的同时，我们不能不看到，这一时期的成就也格外显著，对后世汉语语言学的发展影响深远。当时先辈们已经明显地感知汉语有自身的特点，并不能完全照搬西方的理论模型，故而在这一讨论的过程中也出现了不少的突破乃至创新。刘探宙（2018：18-19）在总结 20 世纪 50 年代"主语宾语问题大讨论"在"王冕死了父亲"句式问题上的成就时，给予了恰当的评价。我们不妨借此作为本章的小结：

> 总之，在 50 年代主宾语大讨论时期，对后来学者产生重大影响的一些认识和观念，都已经被提出来了，如：1)"王冕"是主语/话题；2)"王冕"跟动词没有语义关系，而"父亲"才是"死"的"施事"①；3)"王冕死了父亲"是个说明王冕遭遇的句子，意思相当于"王冕丧父"；4) 动词前"王冕"和动词后"父亲"具有领属关系，等等。这个时期的学者已经流露出很多颇具现代语言学意识的观念。

很显然，20 世纪中期对"王冕死了父亲"句式的研究，主要还是局限于对该句式成分的定性上。由于当时引进的西方语法概念的局限性，对于该句式中各个句子成分的句法位置的界定引发了不小的争议。站在今天的视角，不难看出，当时的诸多问题，后来慢慢得到了解决，而这一解决过程的背后，是后来学者理论素养的逐渐提升以及对语言事实的深入发掘。

---

① 刘探宙（2018）在此以注释指出："20 世纪 50 年代对'施事'的定义范围较宽，按照现代语言学观点，'父亲'的题元角色是客体（theme）。"

第二章

"王冕死了父亲"研究再出发

上一章我们回顾了 20 世纪中期人们对"王冕死了父亲"句式的研究,学者们从各自的角度对其进行了探讨。然而,这场研究由于特殊的历史原因而一度中断。20 世纪 70 年代末,随着科研事业的初步恢复,朱德熙(1978)重提这项研究。然而,由于研究人员青黄不接,这项研究在很长一段时间里难以再续高潮。其间虽然有李钻娘(1987)、郭继懋(1990)、袁毓林(1994)的研究,但也只是平静湖面上的片刻涟漪。这一局面直到世纪之交——以徐杰(1999)为分水岭——才彻底改观。

这一章我们将主要回顾"主语宾语问题大讨论"之后的研究。我们主要分两个时期进行回顾。第一个时期大致划定在朱德熙(1978)之后二十年,即 1978~1998 年,考虑到这一阶段虽然局面萧瑟但却不无斩获,我们称其为过渡期;第二个时期为徐杰(1999)之后,即 1999~2019 年,这一时期的研究一改此前的萧条局面,而是百花齐放,百家争鸣,创新不断,精彩纷呈。我们称这一时期为突破期。本章在回顾这两个时期的基础上,对"王冕死了父亲"句式研究的特点进行归纳和总结,同时指出该句式研究的特点及其对未来研究的启示。

第一节 对该句式研究的不断提升

上面谈到,朱德熙(1978)之后二十年对"王冕死了父亲"这一句式的研究,虽然局面萧瑟但却不无斩获,我们称其为过渡期。与 20 世纪 50 年代的研究(特别是"主语宾语问题大讨论"所涉)相比,20 世纪八九十年代的研究,无论是在语言现象的探讨还是在理论的吸收和引进方面,都很显然有了较大的突破。我们看到,20 世纪 50 年代已经开始的结构主义语言学思潮已经开始不自觉地指导学者们对"王冕死了父亲"这一句式的研究,形式倾向已经开始了与意义倾向的角逐,"王冕"的主语地位之争、"父亲"是否宾语论战,无一不彰显这一时期学者们面对新理论和新思潮的犹豫和纠结。至于 20 世纪八九十年代,结构主义已经渗透到学者们的研究,并全方位地指导这一句式研究,人们的主要着力之处不再是主语宾语问题,而是对"王冕死了父亲"这一句式各个部件的精细刻画。当然,不可否认,这一时期以配价语法为代表的新理论的引入,是促使"王冕死了父亲"这一句式研究后来得以长足发展的重要因素之一。

一、语言现象的深发掘

20 世纪 80 年代后期,李钻娘(1987)进行专题撰文,详尽地描述了"王冕死了父亲"句式的性质和特征。出于作者的西方国家身份背景,我们不能否认她能够娴熟地运用结构主义语言学理论及方法,如此也就解释了为什么她的研究能够较好地呈现"王冕死了父亲"句式特征,并促使这一语法现象再度引起语法学家的广泛兴趣。

关于这篇文章的核心观点,刘探宙(2018:21-22)做了如下总结:

> 李文对于"存在句"的认识,我们总结为如下三大方面的八点:
> 一,①关于动词:表变化、表结果。
> 1. 能进入"存在句"的动词要能说明一种变化,或者表示消失,或者表示出现。
> 2. 动词后的"了"是成句必不可少的因素,"了"相当于一个结

---

① 按照现行的标点符号规范,此类逗号应为顿号。此引文同类标点余同此说明。

果补语而不是一个动词后缀。

3. 出现式存在句,动词都是不及物的,都不能转换成"把"字句或"被"字句,如:"*他把事出了"。而消失式存在句能转换,但如果动词是不及物的,句子也不一定总能转换,如:"*他把一头牛死了"。

二,关于主宾语关系:领属。

4. 消失式存在句,动词前后的两个名词性成分有领属关系,能构成领属短语,如:王冕死了父亲——王冕的父亲;而出现式不一定有领属关系,如:他出了事——?他的事,动词后的名词可以带数量成分,也可以不带。

三,关于句子的意义:以事件变化结果不可预见的方式让主语承受损失(或得益)。

5. 存在句语义上是被动态:主语是事件的承受者;在句法上是主动态。

6. 消失式存在句,如果动词前成分是人或人的替代者(指机构),谓语部分所表达的事件的结果有损于动词前名词所指的人。

7. 这类存在句表示从一种状态转变为另一种状态的结果,不表静止的状态。因此常常是这个句子说完,下面会接另一个分句,来表达上句的结果迫使主语改变了意图①,如:他来了客人,不能跟你一起去看张三;他害了一场病,所以不能来工作。

8. 谓语部分所表达的事件结果不能预见,这个性质使这种句子可以与"想不到""没预料到"等动词搭配,如:想不到他害了一场病;没预料到他出了事。

我们不妨摘取李钻娘(1987:21-22)关键的论证部分,以飨读者。

---

① 作者在此以注释指明:"原文为:'变化的结果保留:这个特点包含一种可能性,就是接受另一个分句,迫使主语改变意图。'(李钻娘1987:23-24)"

2.1.1. 动词的选择

动词要能说明一种变化,就是说 SN_2 或者属于消失式,或者属于出现式。

下列动词表示消失:死、掉、瞎、坏、落、破、跑、丢等等。

下面是一系列表示出现的动词:出、来、多、折、闪、少等等。

有些出现式动词+SN_2 构成处所动词,如出事、闪脖等。

2.1.2. 两个 SN 之间的语义关系

SN_1 和 SN_2 之间的关系根据句子类型而有所不同,也就是看具有消失式还是出现式动词。

2.1.2.1. 消失式动词句:①

14. a.他脱了头发　b.他死了父亲　c.他瞎了眼睛　d.他湿了衣服

上述句子与下列句子有关

15. a.他的头发脱了　b.他的父亲死了　c.他的眼睛瞎了　d.他的衣服湿了

SN_2 一定是一个具体名词〔±生物〕,如果名词是有生物,它可能指一个家庭成员或一个亲近的人,或者一个家畜(见例 8b,11,14a)。那么这个 SN_2 就和一个人或他的替代者发生关系(替代者指一个机构)。如果名词是无生物,它可能指身体的一部分(在这种情况下,和它相关的 SN_1 是有生物(14a))或者指任何一个无生物名词(在这种情况下,和它相关的 SN_1 可能是有生物(14d)或无生物((16b,c))②。

SN_2 可以有量词,也可以没有。

1)SN_2 有量词:它指的是部分性量词,SN_1 可以是人,也可以是它的无生物替代者,如(16a)或者是处所词(16b,c)。

16. a.他/农场死了两头牛　b.这个句子掉了一个字　c.教室里少了一把椅子

量词可以是不确指的,如

---

① 原文此处即有冒号。特此说明。

② 原文此处即有两层括号。按照现行的标点符号规范,圆括号外应改为中括号。

17. a.他脱了很多头发　b.他丢了几百块钱

量词（+类别词）可以脱离 SN_2，只要 SN_2 的核心已经表明了，这时量词前，用"有"，例如：

18. a.他/农场的牛，有两头死了　他的头发，有很多脱了

2）SN_2 没有量词：SN_1 不能指一个机构。

a）如果它指的名词是有生物〔±人〕，它表示的往往是单数（见例 14b），也就是唯一领有物。

b）如果它指的名词是无生物，就表示全部（见例 14.c、d）。它可能等于一个不可数名词（14a）。

2.1.2.2. 出现式动词句

SN_2 按照李英哲（1974）①的用语，必然是〔−照应词，−先行词〕，它不能表示确切的量。

1）无量词的 SN_2 既可以指单数，也可以指复数，见例（19a）。

19. a.他来了客人

下例中，受动的宾语指一个抽象名词：

19. b.他出了事

最后，SN_2 可以属于不可数名词：

19. c.他流（出）了泪

2）SN_1 有量词：它不能指部分数量：

19. d.这儿多了很多/两把椅子

（19a）根据一般的看法可和它的对立面 SN_2+V 相交替：

---

① 作者在此有一处注释，原文为："按照李英哲的看法（1974），'把'字句包括一个动词，或（和）一个宾语〔+照应词〕，这个动词 'wherein the knowledge of a presupposition is clearly needed in the assumption underlying the nature of the verb'（p. 208）。而相照应的宾语，无论确指与否总有一个先行词。又见邓守信（1975，Ⅵ章），他称'有关'动词（=〔+照应词，+先行词〕，李英哲）的宾语为受动者（patient），'执行'（effected）动词的宾语（李英哲，〔−照应词，−先行词〕'范围'（range））。"（此部分有两处引文原文有误，已将其改为正确的内容，特此说明。——引者注）

20. a.有客人来了

实际上，这类交替并不多见。其他的例子并没有相应的 SN_2+V：

20. b.＊（有）事情出了　c.＊（有）泪流出了

　　d.＊（有）很多/两把椅子多了

并且，只有当说话者和 SN_1 处于同一地点，（19a）与（20a）才能对应。反之，（19a）仍然是可以成立的正确句子，而（20a）则不是，那么讲话人就要说：

21.有客人到他那儿去了

换句话说，在具有出现式动词的存在句里，"来"并不是用在和"去"对立的意思上，在这里，"来"的语义价值是出现，而不是朝说话人方向变化的动作。

受动的宾语可以属于可数的无生物名词，或者是抽象/不可数名词。它是否指 SN_1 的领有性，要看 SN_1 是人还是身体的一部分（试比较（19a, b）和（19c））。

此外，李钻娘首次使用了"及物/不及物"的语法范畴，影响深远。

上面谈到，李钻娘的研究娴熟地使用结构主义语言学理论及方法，并做出了较好的成绩。然而，毫无疑问，作为一个非汉语母语者，李钻娘对汉语语料的把握仍失之偏颇，因此得出了一些不够准确的结论（郭继懋，1990）。

相比李钻娘（1987），郭继懋（1990）的研究可以说更为精细和系统。在李钻娘（1987）的基础上，郭继懋（1990）运用结构主义语法的方法，他分段刻画了这类句式的主语、宾语、动词及其使用"了""着""过"的特点，并考察了句中的某些比较特殊的现象。这里我们重点赏析郭继懋（1990：24-25）是如何讨论"领主句各组成部分的特点"的：

1.1 主语　领主句的主语一般指人或物，不指处所，这是领主句区别于存现句的一个主要方面。对比下边这一对句子：

A：他死了一个儿子

B：头里死了一个人

A是领主句，B是存现句。就典型情况而言，领主句主语是名词，存现句主语是方位词或名词加方位词。

有些领主句的主语是含处所意义的名词，如：

动物园跑了一只狗熊　　行李房倒了一面墙

这些主语也还是指物（"动物园"是一个文化机构，"行李房"是一个建筑物），不是指处所。

不过，由于领主句和存现句的主语都不是述语动词的施事，由于这两种句式都能带施事宾语，所以它们在意思上又有相接近的一面——有时无论主语指物还是指处所，句意大致相同：①

这件褂子掉了两个扣子（主语指物）

这件褂子上掉了两个扣子（主语指处所）

1.2 宾语　领主句的宾语一般是体词性的，只有动词"开始""停止"需要带谓词性宾语。

比较值得注意的是，当句末没有"了"，宾语指可以计数的东西时，宾语里需要有数量修饰语；否则，领主句作为独立的一句话，是站不住的，例如：

*他馊了馒头　　*他死过桃树　　*他倒了房子

带上数量修饰语就站住了：

他馊了五斤馒头　　他死过十几棵桃树　　他倒了两间房子

这表明，在领主句里，宾语的数量意义是比较重要的，在一定条件下需要作出说明。

宾语里未出现数量修饰语的领主句，宾语的数量往往是已知的：

貂场死了貂，场长心里最不是滋味儿

死了多少貂，说这句话时听话人已有所了解。句末带"了"的句子没

---

① 郭继懋先生在此以注释指出："据我们体会，在这两种情况下，表义还是有细微差别：主语指事物时，句子是说那个事物有怎样的遭遇或变化；指处所时，句子是说那个处所发生了什么事情。"

有数量修饰语可以单独站住:

  水仙开花了 他掉头发了

这主要是因为句末的"了"有成句作用。

  1.3 动词 领主句由单向动词构成,这些动词绝大多数表示非自主的变化或状态,只有个别的几个动词表示自主的行为动作,例如"跑"(动物园跑了一只狗熊)、"来"(我来了两个老乡)。常用于领主句的动词从语义上看,大致有下面三种类型:

  (一)表"从有到无""从如意状态到不如意状态",如:死、掉、断、没、丢、流、跑、走、少、瞎、聋、哑、瘸、折(shé)、肿、皱、瘫、疯、倒、塌、烂、馊、酸、干、湿、碎、破、炸、锈、坏、沉、翻。

  这是领主句里最常见的一些动词。

  (二)表"从无到有""从少到多",如:来、动、起、有、长(zhǎng)、多、增加、产生、勃发、萌发、萌生、犯、恢复。

  (三)表其他意义,这样的动词为数不多,如:变、改、变换、好、活、开始、停止。

在逐一细腻刻画"王冕死了父亲"这类句子中的主语、宾语、动词之后,郭继懋还得面对使用"了、过、着"的一般情况以及这种句子中的某些比较特殊的现象。此不赘述。一般认为,郭继懋对该句式已基本做到了描写的充分性,只是对于领属关系具体包括哪些语义关系尚无描述。对此,沈阳(1998)和陈昌来(2000)又做了进一步的补充。

二、语言理论的新引入

  20世纪50年代"主语宾语问题大讨论"之后,很长一段时期里,学者们仍在主语/宾语的问题上纠缠,对于动词的涉猎则相对较少。这一局面直到朱德熙(1978:23-27)将"死"等动词分析为二向动词方有所突破:

1.1 只能跟一个名词性成分发生联系的动词叫单向动词。例如："咳嗽"前头可以有主语，后头不能有宾语；① "站着"前头可以有主语（他站着），后头也可以有宾语（站着一个人），可是主语和宾语不能同时出现。下边句子里的动词都是单向动词：

我游泳　　　打雷了
他休息　　　出太阳了
他醉了　　　冰化了
孩子病了　　飞来了一只蝴蝶
他长大了　　水开了

对单向动词来说，不存在主语和宾语的对立（前头有主语时，后头没有宾语；后头有宾语时，前头没有主语），因此我们暂时把跟单向动词相联系的名词性成分一律称为主语，不管它在动词前头还是在动词后头出现。

1.2 能够跟两个名词性成分发生联系的动词叫双向动词。下边句子里的动词前头有主语，后头有宾语，都是双向动词：

我写字　　　　　这把刀切肉
他坐火车　　　　他拿来一封信
我姓王　　　　　台湾属于中国
我相信这一点　　他有两个孩子

1.3 "他叹气"和"他写字"都是"主—动—宾"的格式，"叹"和"写"好象（像）都是双向动词。可是"叹"和"气"结合得很紧，只能有限度地扩展（叹了一口气）。因此我们把"叹气"作为一个整体看待，说它是一个单向的动词性成分，而不说"叹"是一个双向动词。

---

① 朱德熙先生在此特别以注释说明："本文提到主宾语的时候，一般都指狭义的主语和宾语，即不包括由时间词、处所词以及动量词充任的主宾语。但时间词和处所词作为一般名词用的时候，仍承认它们是主宾语。例如'给我时间'里的'时间'，'这间屋子住人'里的'这间屋子'，'我爱北京'的'北京'等等。"

"起草""关心""负责"也只能有限度地扩展,情形跟"叹气"一样,可是后头可以带宾语(起草文件/关心群众/负责这方面的工作),因此应看作双向的动词性成分。

1.4 双向动词后头不一定老带着宾语。"我写信"在一定的语言环境里可以只说"我写",宾语出现不出现不影响句子的基本意思。"他来了",动词后头不带宾语,"他来客人了",动词后头带宾语,两句话意思完全不同。我们说,在前一句里,"来"是单向的;在后一句里,"来"是双向的。下边是同类的例子:

他笑了	他笑我
他死了	他死了父亲
北京队打败了	北京队打败了山东队
地球老在转	你转一下轱辘
……	

很显然,朱德熙这些所谈的"向"也就是后来配价语法里所说的"价"。"价"来自"配价语法"(valency grammar)。该理论由法国语言学家泰尼埃尔(Lucien Tesnière)提出。配价语法以动词为中心,动词支配名词性成分的能力称为"价"(valency),根据价数,动词有一价动词、二价动词和三价动词。20世纪90年代,这一理论在汉语界引发热潮。其间不少学者尝试用这一理论来解释"王冕死了父亲"句式,其中当以袁毓林(1994)为代表。

袁毓林(1994:249)特别指出,"王冕死了父亲"句式中的"宾语"为一价名词:

4.2 一价名词可以作不及物动词的宾语,形成特殊的主动宾句式。例如:

　　王冕七岁上死了父亲　　我家昨儿来了一个客人

"死""来"是单向动词,分别给宾语"父亲""一个客人"指派(assign)了当事格(experiencer)。至于主语"王冕""我家"的格是分别由一价名词"父亲""客人"指派的,可以称为领事(possessive)。这种句式的语义构造可以用内涵逻辑(intensional logic)刻画如下:①

$$\underline{\begin{matrix}王冕 & 死了\\ e & (e,t)\end{matrix}}\quad\underline{\begin{matrix}王冕 & 死了 & 父亲\\ e & (e,t) & (e,e)\end{matrix}}$$
$$t\qquad\qquad\qquad\underline{\quad(e,t)\quad}$$
$$\qquad\qquad\qquad\qquad\qquad t$$

e代表实体(entities),t代表真值(truth values),(e,t)表示从论元e到真值t的函项(function),可以直观地理解为:必须有一个论元同现才能取得真值;(e,e)表示从论元e到e的函项,可以直观地理解为:必须有另一个论元同现才能有所指。上述语义演算的关键是指明"父亲"一类有价名词跟"王冕"一类无价名词的逻辑性质是不一样的,因而它们在表层结构中的句法组合功能和语义联结方式是大不一样的。因为主语(王冕、我家)只是宾语(父亲、客人)的配价成分,所以这种句式有不同于一般主动宾句式的语法特点:动词和宾语之间有句法、语义选择关系,但动词和主语之间没有这种选择关系。例如:

老王折了一条胳膊(*老王折了　　胳膊折了)
小猫断了一根尾巴(*小猫断了　　尾巴断了)

这有点像某些作格型(ergative)语言中的主动宾句式。②

值得注意的是,这种句式大多表示丧失意义,例如:

A	B
这把茶壶甄了一个盖儿	?这把茶壶配了一个盖儿
这本杂志撕了一个封面	?这本杂志加了一个封面

A组句子表示丧失义,读上去语义完整、自然,B组句子表示获得义,读上去有语义不完整、或不自然的感觉。我们推测:部件名词和整体

---

① 袁毓林先生在此以注释指出:"关于内涵逻辑,参看 J. Van Benthem(1991)。"
② 袁毓林先生在此以注释指出:"关于作格语言,参看伯纳德·科姆里《语言共性和语言类型》,沈家煊译,第135-143页,华夏出版社,1989年。"

名词之间有"局部—整体"的关系,这个"局部"是整体不可让渡(inalienable)的一部分,"整体"以原型的形式贮存在人的记忆中。现在 A 组句子报道一个新事实:某一部件从整体上消失,读上去很自然。可是 B 组句子说的是在整体上再添上一个不可分割的部件,这就有悖常理。所以,如果没有特定的语境映衬,B 组句子是难以成立的。

一价名词还能作"把"字句、"被"字句的宾语。例如:

他把橘子剥了皮　　　　他被人剪去了辫子
炸弹把教室炸了一个角　尤老二被酒劲催开了胆量

这种句子把谓语动词的受事(橘子的皮、教室的一个角、他的辫子、尤老二的胆量)分裂成两个部分:受事(皮、一个角、辫子、胆量)和它所支配的领事(橘子、教室、他、尤老二)。受事和领事之间的依存关系使这种句式中各成分之间的语义联系非常紧密。

第二节　对该句式研究的突破

近二十多年里,随着国际语言学重心从描写转向解释,学者们又一次对"王冕死了父亲"这一句式表现出了高度的关注,并进行了探讨性解释。

徐杰(1999)之后,近二十年里有关"王冕死了父亲"句式的研究再次掀起高潮。这些研究大致可归为形式和认知两个阵营。从形式的角度研究或涉及这一句式的主要有徐杰(1999,2001)、韩景泉(2000)、沈阳(2001)、温宾利和陈宗利(2001)、逯艳若(2002)、马莉(2003)、孙晋文和伍雅清(2003)、潘海华和韩景泉(2005)、朱行帆(2005)、王奇(2006)、程杰(2007)、安丰存(2007)、陈宗利和肖德法(2007)、刘洋(2007)、马志刚(2008a,2008b,2009,2013)、杨大然(2008)、徐杰(2008)、胡建华(2008)、刘探宙(2009),从认知的角度研究或涉及这一句式的主要有徐盛桓（2003）、刘晓林（2004，2007）、沈家煊（2006）、王珍（2006）、刘国辉（2007）、石毓智（2007）、王志军（2007）、任鹰（2009）等。当然，还有学者从语义的角度（如郭继懋，1999；司联合，2004）以及汉语史的角度（如帅志嵩，2008）对其形成进行了解释，更有学者（李杰，2009）结合了形式与认知来解释。

总结起来，这些研究主要从以下几个方面展开。

一、动词"死"性质的界定

李钻娘（1987）之后，学者们普遍认同"死"是一个不及物动词，但对其进一步的界定尚未达成共识，围绕着动词"死"是否是一个非宾格动词（或称作格动词、夺格动词）学者们展开了深入的讨论。目前有徐杰（1999，2001）、林杏光（1999）、韩景泉（2000）、逯艳若（2002）、孙晋文和伍雅清（2003）、沈家煊（2006）、刘洋（2007）、胡建华（2008）、马志刚（2009）、刘探宙（2009）等将"死"看作一个非宾格动词。当然，并不是所有的学者都把"死"看作一个非宾格动词。朱行帆（2005）、李杰（2009）就绕开了非宾格、非作格的纠缠，只是把"死"看作带一个论元的不及物动词。王奇（2006）也没有谈到"非宾格"的问题。

另外，除了探讨"死"的性质，许多学者在这一时期还考虑到设置空动词或轻动词，前者如孙晋文和伍雅清（2003）。他们提出假设词库中存在一个带有[effect]特征但没有语音特征的空动词，以解决动词前后两个名词格的问题。后者如朱行帆（2005）所提出的"轻动词说"。

朱行帆（2005）假设"王冕"和"父亲死了"之间存在一个没有语音形式的二元事件谓词——轻动词 EXP（ERIENCE）作句子的谓词。它选择事件"父亲死了"为补语。核心动词"死"向上移位并和 EXP 合并，推导出"王冕死了父亲"，如下：

(1) a.

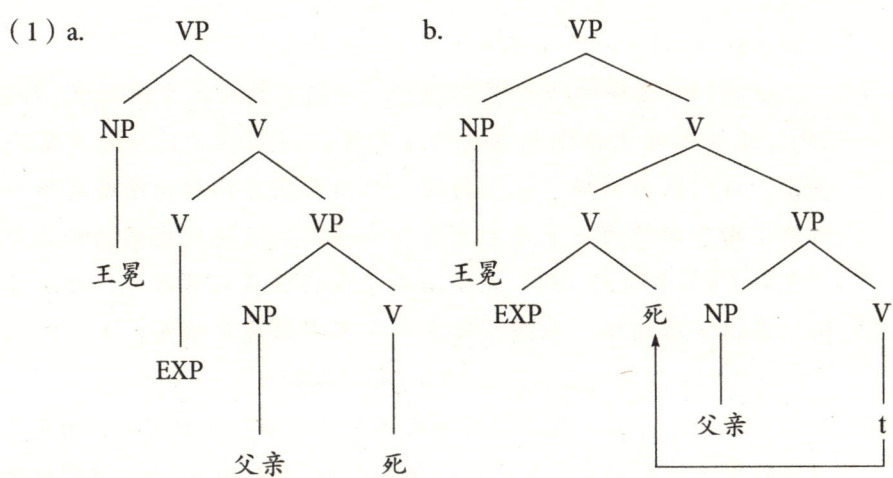

在第一章我们已经看到，尽管多数学者关注动词"死"本身，王力先生（王了一，1956）则发现"王冕死了父亲"句式中，"了"的出现起到很关键的作用：一旦加上了"了"就从内动词变成了外动词。李钻娘（1987）也注意到这一点，并认为"了"的作用相当于结果补语。胡建华（2008）则假设存在一个"了"的变体"有"，它对一个VP事件的存在做断言，即断言对"王冕"来说，存在着一个"死父亲"的事件。其详细论证如下（胡建华，2008：400）：

……在（8a）中，抽象动词"有"对一个VP事件的存在做断言，即断言对于王冕来说，存在着一个"死父亲"的事件。

（8）a. [TP 王冕 [AspP [Asp 有 [VP 死父亲]]]] b. [TP 王冕 [AspP [Asp' 死-了 [VP 死父亲]]]]①

然后，在（8b）中，VP中心语（动词"死"）经过中心语移位嫁接在"有"上，抽象的"有"实现为"死"的后缀，以"了"的形式出现

---

① 胡建华先生在此以注释指出："双删除线标出的成分代表相关成分移位后被删除的拷贝（copy）；这一表征形式基本等同于语迹。"

（Wang, 1965），从而生成例（1）这样的表层形式①。

在例（8）这样的结构中，"王冕"可以直接放入主语位置，即[Spec, TP]位置，但该主语位置不是题元位置，与动词"死"没有题元选择关系。我们认为动词"死"的题元只能在底层结构指派给其唯一论元宾语，由于动词的一个题元只能指派一次且只能在底层结构指派，所以在例（8）中动词"死"无法给句子主语位置指派题元。按照这一分析，在以下结构中，主语"父亲"也不占据题元位置：

（9）[TP 父亲 [AspP [Asp' 死-了 [VP 死 父亲]]]]

在例（9）中，主语"父亲"的题元不是从主语位置获得的，而是从其动词后的宾语位置继承而来的。综合考虑例（8）和例（9）中的情况，我们就会发现句法生成过程中实际上还有另外一种可能性，那就是把"王冕"放入话题位置，而把动词后的"父亲"移向主语位置，生成例（10）这样的结构。例（10）这样的结构，在胡裕树、范晓（1995）的分析中，是一种话题主语句结构。根据这一分析，在以下结构中，"王冕"处于话题位置，而"父亲"处于主语位置（另参看 Pan and Hu, in press②；潘海华、韩景泉，2005）。

（10）[TopP 王冕 [TP 父亲 [AspP [Asp' 死-了 [VP 死 父亲]]]]]

二、领有名词的来源

关于领有名词的来源主要存在以下三类假说。

（一）分裂移位说

这一观点的出发点是认为领有成分"王冕"和被领有成分"父亲"原来在一起，后来被动词隔开。徐杰（1999）显然是这一观点的持有者。作为"王冕死了父亲"这一句式研究的里程碑，徐杰（1999）引入了两个重

---

① 即"王冕死了父亲"。特此说明。

② 该文献即 Pan 和 Hu（2008）一文。胡建华先生发表该文时此文献尚在出版中。

要理论。一个是非宾格理论，并认定"王冕死了父亲"中的动词"死"是一个非宾格动词。原文核心部分如下（徐杰，1999：21）：

　　……不难看出，如果接受上述"非宾格理论"，以夺格动词"掉"为主要动词的句子"张三掉了两颗门牙"，在深层结构中应该是个无主句。表层结构中的主语"张三"在深层结构中不应该处在主语位置。基于"张三"跟动词"掉"之间没有直接语义关系，而跟"两颗门牙"有明显的领属关系，我们认为它在深层结构中应该处于宾语中的定语位置。换句话说，我们有理由认定（34）的深层结构是（35）。

　　（34）张三掉了两颗门牙　　　（表层结构）
　　（35）掉了张三的两颗门牙　　（深层结构）

注意，上列句子是不能以其初始形式（35）为其最后合法形式的，因为"张三的两颗门牙"处于夺格动词"掉"后的宾语位置，而根据"Burzio原则"，夺格动词是不能指派宾格的①。整个句子要通过格筛选的话，必须设法解决这个问题。这里有两个选择：（1）如例（36）所示，将"张三的两颗门牙"作为一个整体前移至主语位置并让它在那里获得主格；（2）如例（37）所示，仅仅将"张三"自己前移至主语位置并让它在那里得到主格，"两颗门牙"留在动词后的原位置②。留在后面的"两颗门牙"可以被指派一种特别格，而这个特别格"张三的两颗门牙"作为一个整体是无缘享用的。我们后面4.3节③要专门讨论这

---

① 徐杰先生在此以脚注指出："'Burzio原则'（Burzio's Generalization）指出，只有那些能够赋予主语名词'施事论元角色'的动词才能赋予宾语名词'宾格'。而夺格动词都不能赋予主语名词施事（带夺格动词的句子都是天生的无主句），所以夺格动词不能赋予宾语名词宾格。"

② 徐杰先生在此以脚注指出："至于定语'张三'跟中心语'两颗门牙'之间的'的'的处理，似乎有两个办法：一是认定它在深层结构中不存在，是在后来的推导过程中加上去的；二是前移'张三'的同时删除了这个'的'。"

③ 徐杰先生对这个特别格的讨论，详见本节的第四部分。

个特别格。这样一来，执行（1），我们得到（38）；执行（2），得到（39）。注意，如果把被动式动词后的宾语叫做"保留宾语"，这里夺格动词后的名词性成分相应地也应该叫做"保留宾语"。即逻辑宾语中没有移走的，保留在原宾语位置的那部分。

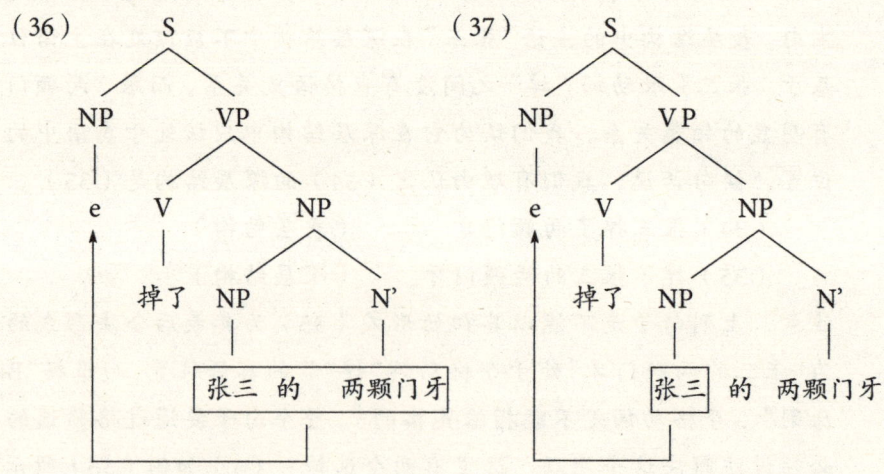

（38）张三的两颗门牙掉了。
（39）张三掉了两颗门牙。

同一时期认为领有成分"王冕"和被领有成分"父亲"原来在一起的学者还有范晓（1999）。但两人的差别在于，徐杰（1999）认为"王冕的父亲"基础生成于动词之后，而范晓（1999）则认为它应位于动词之前。有趣的是，后来的学者在进行句法移位推导时也表现出这两种倾向：沈阳（2001）等个别学者认为领有名词是动词前论元 NP 分裂后移所致，而其他多数学者则认为，领有名词是从领属短语移至主语位置的（徐杰，1999，2001，2008；韩景泉，2000；温宾利和陈宗利，2001；刘洋，2007；陈宗利和肖德法，2007）。

至于领有名词从领属短语提升移位的动因，又有两种观点存在：一种观点认为领有名词移位的动因是核查，如温宾利和陈宗利（2001）认为领有名词移位的根本动因是汉语 I⁰ 的强[D]特征和领有名词 DP 核查；陈宗利和肖德法（2007）及刘洋（2007）则认为领有名词提升的动因是为了核查 T 的 EPP 特征。另一种观点认为领有名词移位的原因是格驱动，如徐杰（1999，2001）认为领有名词提升到主语位置是为了获得主格；韩景泉（2000）则认为领有名词提升是为了让整个名词短语（领有加隶属）获得格。

（二）基础生成说

这类观点认为，领有名词是基础生成（base-generated）于其 S-结构。至于具体哪一位置，则有三种不同的观点：Tan（1991）、潘海华（1997）、Pan（1998）、朱行帆（2005）、马志刚（2008b）、胡建华（2008）、庄会彬（2013）、庄会彬等（2017）等认为像"王冕"这样的句首名词是以动词论元的身份直接投射到主语位置上的；潘海华和韩景泉（2005）、杨大然（2008）等认为领有名词是一个基础生成的悬垂话题（dangling topic）成分[Spec, TopP]；程杰（2007）则认为领有名词是外合并的"经受者"名词。

（三）外论元说

这类观点则认为，领有名词不是非宾格动词的论元，而是轻动词的外论元，其最初的句法位置既不是[Spec, TopP]，也不在领属短语内，而另有其他位置，再通过句法推导移至[Spec, TP]位置。持此观点的学者主要有两个：王奇（2006）与安丰存（2007）。

三、论元结构和题元角色的决定问题

研究"王冕死了父亲"句式的论元结构，以"王冕七岁上死了父亲"为例，主要探讨动词"死"带有几个论元，以及如何指派题元角色的问题。

早期的研究多认为"死"的宾语是施事宾语（徐仲华和缪小文，1983；李临定，1986；范晓，1989；张伯江，1989）。此外，林杏光（1999）认为"王冕"和"父亲"分别充当与事和当事，陈昌来（2002，2003）认为

"王冕"占据系事位置。

近些年的研究则较多地着眼动词"死"本身,主要讨论它带有几个论元,以及它如何指派题元角色。徐杰(1999,2001)认为领有名词的题元角色是它在原来的定语位置所获得的"领有"。沈阳(2001)坚持"死"是一个一元动词。马莉(2003)提出"死"这类动词除了一元动词的意义和用法外,还有二元动词的意义和用法。孙晋文和伍雅清(2003)认为受害者论元"王冕"是论元增容的结果。朱行帆(2005)认为"王冕死了父亲"中存两个题元角色,分别是由轻动词 EXP(ERIENCE)和动词"死"指派的。安丰存(2007)认为"王冕"与"父亲"的题元角色分别是"遭受者"和"经历者"。程杰(2007)也认为"王冕"获得的题元角色为"经受者"。马志刚(2008a,2008b)还探讨了局部非对称成分统制结构对相关论元之间的语义关联性的制约。

四、赋格的问题

赋格的问题主要是讨论"死"前后的成分是否需要赋格,得到的格又是什么格。徐杰(1999,2001)认为领有名词获得的是主格,而隶属名词在原位得到部分格。徐杰(1999)特别指出,留在后面的"两颗门牙"可以被指派一种特别格,这种就是"部分格"。"部分格"是 Belletti(1988)在芬兰语中发现的一种固有格(而不是结构格),是在深层结构中由词汇项指派给名词性成分的,跟表层结构无关。Belletti 认为词形态丰富的语言所表现出来的部分格普遍存在,不应该限于词形态丰富的语言,在形态变化不丰富的语言中也存在,只不过没有在语音表面上呈现出来,亦即没有使用一定的格位标记在形式上体现出来。根据 Belletti 的观点,徐杰(1999)认为"两颗门牙"所获得的就是部分格。该格位指派方式可表示如下(徐杰,1999:25)[①]:

[①] 例(2)中引文原文"t_{张三}"处以"踪迹"标识,出于全书统一要求,做此修改。特此说明。

（2）

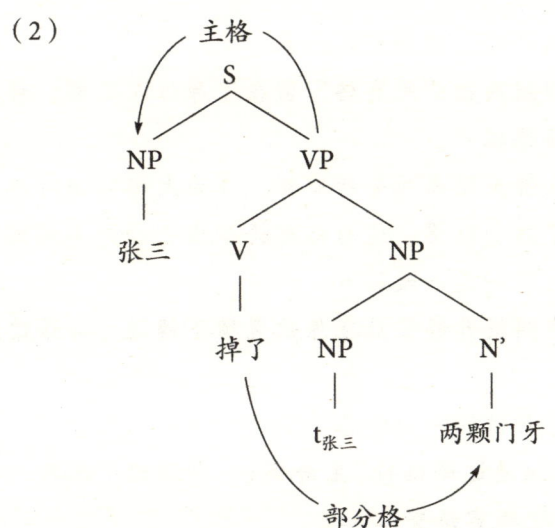

不过徐杰（1999，2001）的"部分格"解释并未得到广泛的接受，反而引发很多质疑和修正。譬如，韩景泉（2000）认为"部分格"概念无法解释非宾格动词在不同语言间的差异及其在汉语内部的差异，因此提出了"格传递"的分析模式。他们提出的解释如下（韩景泉，2000：270-271）：

（一）汉语"夺格动词"和"及物动词过去分词形式"不具备给深层逻辑宾语指派格位的能力

这样，作为普遍语法特征提出来的夺格动词"非宾格性"和过去分词"格吸纳"原则显示出了普遍性，至少受到汉语事实的支持。

（二）领有名词词组本身具有"所有格"，它提升移位的目的在于为充当深层逻辑宾语的"领属名词+隶属名词"整个结构获取格位

这意味着，无论是深层逻辑宾语作为一个整体前移还是其中的领有名词词组单独前移，其目的与结果都没有什么两样。

（三）领有名词词组提升移动时将"所有格"留在原位，所有格标志词"的"在原位隐现

领有名词词组只是在移出时才暂时脱离原有的"所有格"，但这并不意味着这种"所有"关系的消失。这解释了为什么每当领有词与

隶属词结合时其标志词"的"就会显现出来。

（四）领有名词词组因把"所有格"留在了原位而无格，移至表层主语位置可获得主语格位

这里名词词组是在暂时脱离原有所有格，成为无格词组时接受新的赋格，因而没有重复接受赋格。这与格理论要求"每个名词词组不能带一个以上标格"的精神是一致的。

（五）领有名词词组提升移位后在原位置留下语迹，与语迹组成语链

这体现了名词词组移位的一般特征。

（六）领有名词词组通过语链将"主语格位"传递给"语迹e(的)+隶属名词"这个深层逻辑宾语整体

名词词组的格是赋予语链的，在语链上某个位置获得的格位可通过语链传递。这也是格理论的一个基本精神。

以"张三掉了两颗门牙"为例加以说明：为使"张三的两颗门牙"整体获得格位，"张三"脱离所有格前移，移走后所有格留在原位，因此"的"不出现。移走后留下的语迹，与"张三"形成语链，"张三"将移位后获得的主格，再通过语链传递给"语迹+两颗门牙"整体。

（3） 张三　　　掉了　　{[e]　　（的）两颗门牙}

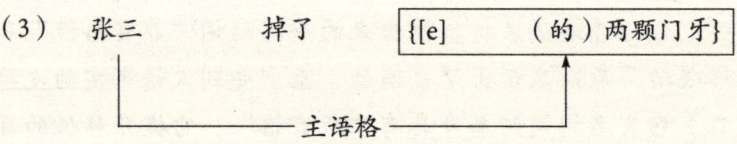

主语格

为解决动词前后两个名词的格问题，孙晋文和伍雅清（2003）设计了两步推导：第一步的推导为正常推导，再推导第二步时，假设词库中存在一个带有[effect]特征但没有语音特征的空动词，从而就解决了动词前后两个名词格的问题。

此外，刘晓林（2004）则坚持不及物动词也可以赋宾格。潘海华和韩景泉（2005）提出，动词之后的论元可以将空主语位置的主格继承过来。

陈宗利和肖德法（2007）认为领有名词与领属短语都带有主格。马志刚（2008a）则指出"王冕"是一个无格论元。

五、形式还是认知的问题

在对"王冕死了父亲"句式做出解释时，形式与认知的主要分歧是：形式坚持采用句法的推导，而认知则努力从人的认知角度给出解释。

对该句式的认知解释，最有影响的要数"概念整合说"，持这一观点的主要是沈家煊（2006）和王珍（2006）。沈家煊（2006）建议使用"糅合"来解释"王冕死了父亲"的生成。王珍（2006）则提出"他死了父亲"是"他失去了父亲"和"父亲死了"经过概念整合和语法整合的结果。我们这里主要回顾沈家煊的观点。

沈家煊（2006）使用了"类推糅合"对"王冕死了父亲"这一句式进行推导。"类推糅合"的基础是一个方阵格局，如下：

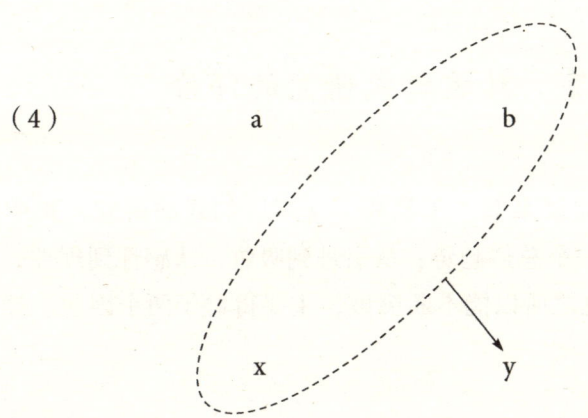

（4）

在这一方阵中，a 与 b 的关系类似于 x 与 y 之间的关系，即"横向相关，竖向相似"。其中 a、b、x 是现成的，将对角的 b 和 x 加以糅合，取 b 的结构式、x 的词汇项，即可得到 y。他认为"王冕死了父亲"是"王冕的父亲死了"和"王冕丢了某物"糅合的结果。如下：

（5）a. 王冕的某物丢了。b. 王冕丢了某物。
　　　x. 王冕的父亲死了。y.　　—　　←xb 王冕死了父亲。

也就是说，汉语中已经有 a "王冕的某物丢了"和 b "王冕丢了某物"（两句是相关的），也已经有了 x "王冕的父亲死了"（它跟 a 相似），但是还缺少一个跟 x 相关而且跟 b 相似的 y。这时，将 b 和 x 加以糅合，取 b 的结构框架和 x 的词项，即可得到 xb "王冕死了父亲"，填入 y 位置，形成一个完整的方阵格局 a：b=x：y。

除了糅合和概念整合的观点外，还有徐盛桓（2003）指出"宾语"其实是一个包括了从典型宾语向非典型宾语过渡的模糊变量大家族，"父亲"是一个非典型宾语；刘晓林（2007）提出"王冕死了父亲"是广义的存现句；任鹰（2009）探讨了领属句同典型的存现句之间的承继关系；石毓智（2007）则从认知语言学和语言系统的历史变化角度说明了"王冕死了父亲"这类结构产生的动因。

第三节　对该句式研究的评价

中华人民共和国成立以来对"王冕死了父亲"句式的研究，集中反映了我们使用西方理论的一个总体趋势：从引进到吸收，从感性到理性，从肯定到否定再到肯定。研究之所以能不断突破，主要得益于两个因素：理论革新和语料积累。

一、该句式研究的特点

（一）早期研究的特点

第一章已经谈到，早期对"王冕死了父亲"句式的描述性研究，主要是以西方的语言理论为参照，以普通语言学的理论为指导。事实也的确如此，即使在中华人民共和国成立后的很长一段时间里，由于对西方理论的陶醉，学者们一直执着于"主语""宾语"的问题，即便引入了"施事""受事"等概念，一时间仍是颇多纠结，实则难以理清"王冕死了父亲"句式的内部关系。

（二）过渡期的特点

正如本章一开始所指出的，朱德熙（1978）之后二十年虽然局面萧瑟但却不无斩获。这一时期的突出代表即为朱德熙（1978）、李钻娘（1987）、郭继懋（1990）、袁毓林（1994）。李钻娘（1987）、郭继懋（1990）继承传统，推陈出新，朱德熙（1978）、袁毓林（1994）则在理论引进与创新方面再树表率。正是这一辈学者的坚持和坚守，最终等来了"王冕死了父亲"句式研究的第二次高潮。

（三）近二十年来的研究特点

近二十年来的解释性研究明显地表现出三个阶段的特征。

1. 世纪之交（2000年前后）

当时的学者还在照搬西方理论，缺少进一步消化、吸收的能力，在理论的使用方面没有上升到理性的高度。

这一阶段的研究还缺少语言共性和个性的双重意识，只能把西方的理论嫁接到汉语的语言事实。这一时期，无论是徐杰（1999，2001）的"部分格"还是韩景泉（2000）的"格传递"，都明显是西方理论的一种变相嫁接。可以说，当时对理论本身缺乏理解上的深度和应有的怀疑精神。这一点在判断"死"为非宾格动词的问题上表现得尤为突出。当时的学者（徐杰，1999，2001；韩景泉，2000；逯艳若，2002；孙晋文和伍雅清，2003）大都认同"死"是一个非宾格动词，但关于非宾格动词的有效判断标准是什么，却是不得而知。

徐杰（1999，2001）倒是谈到了他如何判断非宾格动词，其方法却带有很大的主观性。看下面的例子（徐杰，1999：20）：

	A 式	B 式
（6）	a. 一个人来了	来了一个人
	b. 一只狗死了	死了一只狗
	c. 一条船沉了	沉了一条船
	d. 一班学生走了	走了一班学生
	e. 一面墙倒了	倒了一面墙
（7）	a. 病人咳嗽了	*咳嗽了病人
	b. 男孩子哭了	*哭了男孩子
	c. 病人醒了	*醒了病人
	d. 两个人结婚了	*结婚了两个人
	e. 两个人游了一会儿	*游了一会儿两个人

比较例（6）、例（7）可以看出，例（6）中的名词性成分可以位于动词前，也可以位于动词后，而例（7）中的名词性成分只能位于动词之前。徐杰因此作出判断，例（6）中的动词都是非宾格动词，而例（7）中的动词都是普通不及物动词。可问题是，日常生活中，我们会说"一个人病了"，也会说"病了一个人"，如果按照徐杰的这个思路，"病"岂不是非宾格动词？

2. 2005 年前后

学者们不再迷信西方的理论，生硬地照搬西方的理论，而是开始思考汉语的特点，努力把西方的理论和汉语的实际相结合。

如果说第一阶段在西方理论和汉语的结合问题上的认识还是处在一个模糊阶段，那么到了第二阶段，这一情形已经有所改观。如潘海华和韩景泉（2005）看到了汉语的话题突出的特点，利用这一特点，他们具体考察了以空代词为主语的有标记话题句与受事主语句的差异，并给了一条正确判断受事主语句的标准——动词非宾格化限制条件。此外，他们还总结了以往文献中对某些语言的非宾格动词的判断标准，对具体判断汉语非宾格动词也有作用。

3. 2006 年以后

学者们开始从汉语的特点着手研究"王冕死了父亲"句式的特点,他们既看到语言的共性又没有忽略汉语的个性,在这一句式的研究方面做出了较好的突破。

如果说第二阶段的研究虽然意识到西方理论和汉语实际有一定的出入,开始思考汉语的特点,但还不能从总体上把握问题,做到理论和实际的有机结合,那么到了第三阶段,学者们已经开始从汉语的实际出发,有机地吸收并利用各种语言理论来解决汉语的实际了。这一阶段的代表当推沈家煊和胡建华。

沈家煊(2006)高屋建瓴,从汉语的事实出发,把汉语中一种重要的造词方式"糅合"引入了造句的范畴。这一分析方法突破了以往研究仅在语言结构层面寻求理据的局限,转而从语言认知的角度对"王冕死了父亲"句式的生成机制加以说明,具有一定的心理现实性和很强的解释力。沈家煊(2006)的文章发表后,立即引起了强烈的反响(刘晓林,2007;石毓智,2007;胡建华,2008;任鹰,2009)。胡建华(2008)则从汉语的实际出发,充分考虑到了汉语的特点,他假定一个抽象动词"有"的存在,再利用句法与信息结构的接口要求,解释了一系列合法和不合法的现象。

很显然,这一阶段的研究早已没有在理论引进之初存在的与语言实际脱离的现象,而是把两者较好地结合在了一起。拿胡建华(2008)来说,其就把古今中外的理论有机地统一了起来,服务于汉语实际。如抽象动词"有"可以追溯到吕叔湘(1946)、Wang(1965),而话题化的最新理论则来自 Huang(2008);所引的国内文献有 20 多篇,国外文献 30 多篇。正是这样,胡建华(2008)的文章才能在众多研究中做出较好的突破。

二、推动该句式研究发展的两个因素

(一)理论革新

回顾五十多年来对"王冕死了父亲"句式的研究,不难发现,理论革新在该句式研究中起着主要的推动作用。新理论的引入给学界带来了新的思维和新的观点,而新观点的提出又给学者们以启迪。价位理论、及物/不及物理论、非宾格理论、轻动词理论、题元理论、格理论、概念整合等无一不是如此。

理论对研究的推动作用是重大的。早期结构主义时期,学者们关注的是如何描述,而到了生成语法和认知语法时代,人们则开始关心这一句式的推导。从结构主义到生成语法和认知语法是一个不小的跨越,而决定这一次跨越的,是理论上的革新。五十年前当学者们还在"主语/宾语"问题上纠缠不清的时候,恐怕很难想象今天的解释。

当然,理论的提升并不是直线进行的,它总是不断伴随着对新理论从深信不疑到怀疑甚至否定,再到肯定的过程。早期的结构主义理论如此,后来的理论也不例外。我们不妨以非宾格理论为例看一下理论的引入过程。Burzio(1986)所提出的"Burzio 原则"被引入汉语语法研究之初,学者们对该原则应该是深信不疑的;然而不久,赵彦春(2001)首次向"Burzio 原则"发难,不但表示了怀疑,还将该原则的整个推导过程做了检验,重新分析了 Burzio 所使用的意大利语语料,发现"ne 语素化"不是 Burzio 内论元说的充分必要条件,将这一假说予以否定;之后,安丰存(2007)进一步对该原则提出质疑;然而,很快马志刚(2009)又重新审视了英、汉语的非宾格现象,对安丰存提出了批评,肯定了"Burzio 原则"的实用性和解释力。

可见,新理论的引进和使用过程常常是一个从肯定到否定再到肯定的过程,这一过程符合人们认识和接受新事物的习惯。

(二)语料发掘

"王冕死了父亲"句式的研究不断突破,除了理论革新的推动作用之外,语料积累的作用也不容小觑。结构主义时期描述的不断完善,具体而言,就是语料的不断健全;在进入解释性研究时代,语料的作用更加有增无减。最近,随着语料库越来越多地建立并应用到语言研究中来,许多以前不易注意到的语料被一一发掘出来。语料增加的同时,学者们也在不停地反省以往的研究，不断地提出新的观点。可以说，语料在推动研究方面的作用和理论比起来毫不逊色。我们看一下语料是如何突破研究结论的。

前面已经谈到，对于"王冕死了父亲"这一句式，许多学者都坚持其动词"死"是一个非宾格动词，在 D-结构中，"父亲"一定位于"死"之后（"王冕"是否在"死"之后因各人的假设不同而不同）。如果这一观点成立，就不允许"王冕病了父亲"这类句子，因为作为一个非作格动词，"病"在 D-结构中要处在"父亲"之后，如要推导"王冕病了父亲"这样的语序，要么把"父亲"移到"病"之后，要么把"病"提到"父亲"之前。"父亲"后移的可能，徐杰（2001）早有论述并予以否定，因为这违反了约束条件 A，而"病"提前的可能胡建华（2008）也给予了否定。也就是说，按照以往的推断，只有"死"后面才能允许出现所属成分，"病"的后面是不能的。然而，很快就有人提出质疑，因为新的语料显然表明，"病"字后面也同样允许出现所属成分。例如（刘探宙，2009：111）：

（8）非典时<u>小李</u>也病了一个妹妹。

或许有人会说，胡建华（2008）早已指出"病笑"句后面的成分必须是无定的，例（8）句后面的成分是无定的，不能和"王冕死了父亲"看作是一类。然而，胡建华的无定解释不见得就能立得住脚，因为新的语料表明，"病笑"句也可以是有定的，如下（刘探宙，2009：111）：

（9）a. 王冕家就病了（他老）<u>父亲一个</u>。（称谓+小量）
　　 b. 到了早操时间，那群孩子就起了<u>天天和闹闹这两个</u>。（专名+小量）
　　 c. 看完电影，我们班同学就哭了<u>我们俩</u>。（代词+小量）
　　 d. 当年那几对小情侣现在就分手了<u>小赵和小李这一对</u>。

随着语料的不断增加，可以预测，新的观点又在酝酿，一旦时机成熟，必将登台亮相。

三、从该句式研究中获得的启示

综上所述，要对一种汉语现象做出合理的解释，至少应该在以下三个方面下功夫。

第一，吸收外来理论的同时，不断革新现有的语言理论，改善研究方法。语言是完美的，不完美的总是我们的理论和方法。拘泥于现有的理论必然使我们故步自封、裹足不前，而革新理论则常常会给我们一个全新的视角，重新审视以往的问题会有惊喜的发现。这方面，以往的学者早已为我们做出了表率。试想，如果没有徐杰先生当初将"非宾格理论"引入汉语研究，很可能就没有最近二十年来对该句式研究的高潮。

除了要革新理论之外，改善语言研究方法也格外重要。举例来说，早期语法研究多是依赖于语言学家个人的语言使用经验完成的。作为一种可信的语法判断途径，它在生成语法的发展史上留下了不可磨灭的功绩。然而，不可否认，一个人的知识积累毕竟是有限的，他的观察无论多么充分，总会受到这样或者那样的局限。更好的办法是改用调查代表性的本族语者（最好是具有不同的方言背景），让他们做出判读，如果一个句子大多数人能够接受，那么这个句子就应该说是可接受的。

第二，全面考察汉语中的相关语言现象，尽可能多地掌握汉语语料（包括合法的句子和不合法的句子），以期从中归纳出一定的规律。为强调语言事实的重要性，李亚非先生提出尊重语言事实法则[①]，如下：

---

① 本人曾于2010~2011年在威斯康星大学麦迪逊校区跟随李亚非教授攻读语言学（中外联合培养博士项目），其间有幸聆听了李亚非先生的2011年秋季课程，其中一节即为"尊重事实法则"。其原文抄录如下：

Law of Respect for Facts:

Let F be a relevant set of directly observable facts and C be a theoretical claim regarding F. If C is not straightforwardly supported by F, compelling evidence must be provided to that there is no C' such that (a) C' is more straightforwardly supported by F and (b) C' is adequate for F.

尊重事实法则（Law of Respect for Facts，LRF）

设若 F 为可直接观察的事实集合，C 为与 F 相关的理论主张。如果 C 不能得到 F 的直接支持，那么，就必须有强有力的证据表明不存在 C'：（a）C'受到 F 更为直接的支持；（b）C'对 F 来说，已经足够。

我们已经看到，以往的很多研究常常在语料不足的情况下匆匆得出了结论，而新增加的语料则让那些已有的结论处在一个不尴不尬的境况。生成语法传统上利用个人的"内省"，但今天看来，单靠内省寻求语料是不足的，最好是利用语料库协助来获得大量的例句，以期在描写上做到尽可能透彻，从而达到解释上的充分性。

第三，展开跨语言（类型）的研究，为探求语言共性而努力。人们很早就相信，跨语言的语料可用来研究语言共性（如程工，1999）。研究汉语现象时，我们不能囿于汉语本身，而应该跨语言地考察类似现象，在掌握各种语言语料的同时，从语言共性的角度做出统一的解释。一个人一旦囿于某一种语言，就会变得盲目，而跨语言调查则可能会给他带来意想不到的灵感。目前，我们的研究基本上还处在汉语、英语以及少量的几种语言上，并没有真正从跨语言的方面下功夫。而这类的研究在西方早已开始，Pylkkänen（2002）、Cuervo（2003）等有关与格论元的理论就是一些成功的范例，王奇（2006）成功地运用了相关的成果对"王冕死了父亲"句式加以分析。且不说与格论元是不是适用于汉语，但这至少让我们知道，从跨语言的角度研究汉语行得通。

第四节 小 结

"王冕死了父亲"句式是汉语语法界研究的热点之一，学者们在 20 世纪 50 年代开始对其深入讨论，80 年代完成对其充分描写。在此基础上，最近二十多年又在全力开展对其充分解释的历程。从一定意义上说，这一句式的研究集中反映了中华人民共和国成立以来我国语法理论界对西方理论的引进、与本土语言事实结合以及推陈出新的过程，反复论证，不断创新。这一句式的研究历史表明，现代汉语语法研究，经历了一个从照搬西方理论到理论与汉语事实有机结合的过程，而推动这一研究的两个核心因素是理论创新和语料发掘。可以想象，随着语言理论的创新与语料的积累，"王冕死了父亲"这一句式的研究将不断提升，并最终得出完美解释。随着汉语事实与语言理论的进一步结合，汉语研究也将在探讨语言共性的道路上留下无数辉煌的篇章。

第三章

理论革新的一次尝试——引入CP分裂假说

"王冕死了父亲"句式,早在半个世纪前就已经引起了学者们的注意(吕冀平,1955,1956;邢公畹,1955;曹伯韩,1956;傅子东,1956;王了一,1956;徐重人,1956;肃父,1956),但当时主要是在结构主义的框架内描述这类句式。最近十年,特别是徐杰(1999)将"Burzio原则"引入到汉语研究之后,这类句式的研究出现了前所未有的高潮。利用"Burzio原则",许多学者对"王冕死了父亲"句式做出过解释(徐杰,1999,2001;韩景泉,2000;逯艳若,2002;孙晋文和伍雅清,2003;潘海华和韩景泉,2005;沈家煊,2006;安丰存,2007;杨大然,2008;马志刚,2008b;胡建华,2008;刘探宙,2009;等等)。他们在动词的性质、领有名词的来源、题元结构、赋格问题等方面做了深入的探讨,并取得了一定的成果(详见第二章)。

然而,近年来,"Burzio原则"应用于汉语的可行性却遭到了质疑。一方面,"Burzio原则"的普适性问题受到了质疑。例如,赵彦春(2001)重新分析了Burzio所使用的意大利语语料,对原则的推导过程做了检验,发现"ne语素化"不是Burzio内论元说的充分必要条件,对该假说的普适性提出了质疑;之后,安丰存(2007)进一步对该原则表示了质疑。另一方面,"Burzio原则"在很多情况下并不符合汉语语言事实。比如,在第二章第三节我们谈到,如果像一些学者所认为的"病"是一个非作格动词(胡建华,2008),则可预测不存在"王冕病了父亲"这类句子①。然而,随后的研究却表明,"病"之类的成分后同样允许出现所属成分(刘探宙,2009:111)。

这似乎给我们一个启示:鉴于"Burzio 原则"的争议性,要对"王冕死了父亲"句式做出合理的解释,有必要绕开"Burzio 原则"的纠缠,采用新的理论框架,从新的视角重新审视这类语言现象。其实,早已有学者开始了这方面的探讨,如朱行帆(2005)就在语言直觉的基础上,以"轻动词句法"为这种结构提供了新的分析思路;王奇(2006)也成功地运用了 Pylkkänen(2002)、Cuervo(2003)等有关与格论元的理论对"王冕死了父亲"这类句式重新加以分析。本章将运用较新的"CP 分裂假说"来对"王冕死了父亲"句式进行解释。

本章共分为四部分:第一节引入 CP 分裂假说,并探讨 CP 分裂假说的应用;第二节讨论汉语的两大特点——话题突显与焦点化;第三节尝试使用 CP 分裂假说对"王冕死了父亲"句式重新做出解释;最后一节是结论。

第一节 CP 分裂假说

真正从形式句法的角度开展话题与焦点的研究,是从 CP 分裂假说开始的。"分解",顾名思义,就是把一个大的投射分解成若干小的投射。这一做法在句法领域其实不是什么稀罕事。早在 20 世纪 80 年代,Larson(1988)便首开分解之先河,把 VP 分解成两个投射,史称"VP-壳假说";紧随其后,Pollock(1989)又对 IP 做了分解。应当说,以上两次分解对句法研究是巨大的推进,对后来 CP 分裂假说乃至制图理论的发展起到了发轫之作用。

---

① 根据"Burzio 原则",非作格动词"病"在 D-结构中应位于"父亲"之后,若要推导出"王冕病了父亲"这样的语序,要么把"父亲"移到"病"后,要么把"病"提到"父亲"前。前者徐杰(2001)认为违反了约束条件 A,后者胡建华(2008)也予以否定。因此,从理论上来讲,只有"死"后面允许出现所属成分,"病"后面则不允许。

第三章 理论革新的一次尝试——引入 CP 分裂假说

CP 分裂假说最早由 Rizzi（1997）提出。在 Rizzi 提出 CP 分裂假说之前，句法分析多是在标句短语（即 CP）这一假设的基础上进行的。应当说，标句短语假设用来分析多数的左边缘结构都是成功的，然而，用它来处理例（1）的内嵌小句时却显得颇为棘手。

（1）I am absolutely convinced [that no other colleague would he turn to].

我们知道，wh-短语通常要通过 wh-移位移到句首。事实上，不仅 wh-短语如此，有些其他成分也可能会出现在句首，如例（1）中的 no other colleague 本是 to 的宾语，却出现在了句首的位置；与此同时，would 也随之提升。这时候问题就来了：如何确定 no other colleague 和 would 的句法地位？如果我们把 would 置于 C 位置上（no other colleague 位于[Spec, CP]），that 就无法处理。这是因为，通常说来，that 是一个标句语，占据 C 位置。可是，如果把 that 处理为 C 的话，no other colleague 和 would 又无法安置。如此一来，唯一可行的方案就是让句子中出现两个 C，可这又不符合句法通常的做法，如下（参考 Radford，2004：328）[①]：

（2）I am absolutely convinced *[$_{CP}$ [$_C$ that [$_{CP}$ no other colleague [$_C$ would] [$_{TP}$ he [$_T$ t$_{would}$] [$_{VP}$ [$_V$ turn] [$_{PP}$ [$_P$ to] t $_{no\ other\ colleague}$]]]]]].

出于这样的原因，Rizzi（1997，2001，2004）提出将 CP 分解成导句短语（force phrase, ForceP）、话题短语（topic phrase, TopP）、受焦短语（focus phrase, FocP）[②]、有定短语（finiteness phrase, FinP）等。Rizzi

---

① 原书只给出例句（1）that 之后部分的句法结构（不包括 that），此处参照其结构给出了包括 that 部分的结构，以更好地展示单一 CP 投射的尴尬。

② 话题短语与受焦短语的区别，根据 Rizzi（1997）、Radford（2004）的观点，从语篇的角度看，焦点成分一般传达新信息，而话题（前置宾语）则是前面已经提到的信息。

（1997：297）还给出了它们在树形图上的顺序，如下（其中 TopP*表明可以同时出现多个话题）：

（3）
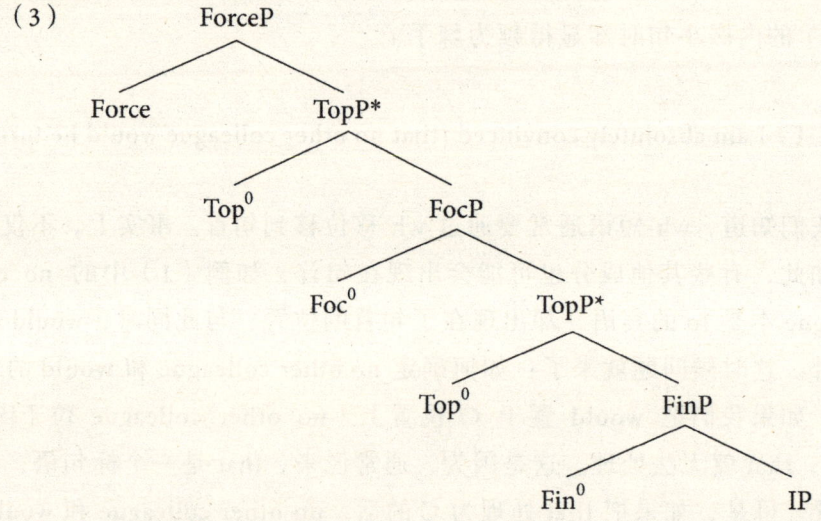

有了 CP 分裂假说，我们再来看例（1）的内嵌小句。其分析如例（4）所示（Radford，2004：328）：

（4）
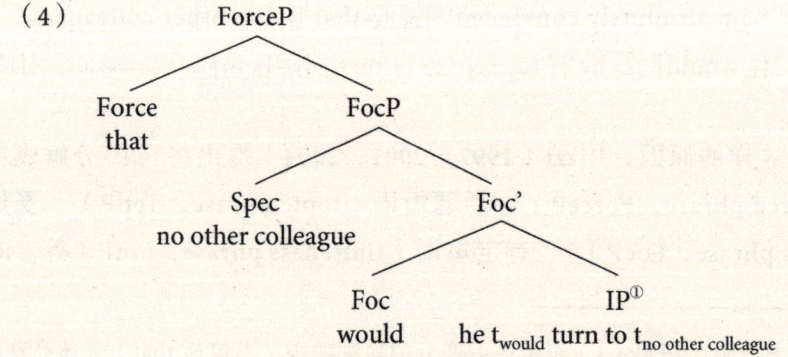

---

① 为方便排版，IP 部分没有进一步展开，读者如有需要，可根据前面的讨论自行展开。

从例(4)可以看出，that 占据了 ForceP 的中心语位置，受焦短语 no other colleague 源于 to 的宾语位置，移向 FocP 的标志语，助词 would 源于 T 位置，移向 FocP 的中心语①。

然而，例(4)只涉及两个左边缘投射：导句短语和受焦短语。为更好地了解 CP 分裂假说，接下来，我们再来看一个例句(Radford, 2004: 329)：

(5) He had seen something truly evil—prisoners being ritually raped, tortured and mutilated. He prayed <u>that atrocities like those, never again would he witness</u>.

例(5)的画线部分中，前置的宾语 atrocities like those 的典范位置应该是在 witness 之后，但却出现在句首。按照 Rizzi 的做法，例(5)中的 that 应当位于 ForceP 的中心语；atrocities like those 是动词 witness 的宾语，本来位于动词 witness 之后，前置后成为句子的话题②；前置的否定状语 never again 是焦点成分，位于[Spec, FocP]，因倒装而前移的助动词 would 位于 FocP 的中心语位置。这样一来，该部分的结构应当如下所示(Radford, 2004: 330)：

---

① 值得注意的是，对于该移位的内在动因，Radford（2004: 328）还在最简方案框架内做出了解释："假定 FocP 的中心语 Foc 自身携带一个[EPP]特征和一个不可解释的焦点特征，两个一起吸引受焦宾语 no other colleague（该短语自身携带与不可解释的焦点特征相匹配的特征）移入[Spec, FocP]位置，而 Foc 是一个带有词缀[TNS]特征的强势中心语，吸引助动词从 T 移到 Foc。"

② 至于 atrocities like those 前置后为什么成为话题而非焦点，根据 Radford（2004: 329），从语篇的角度看，焦点成分一般传达新信息，而这里的前置宾语 atrocities like those 显然代表着旧信息，即语篇中前面已经提到的信息（它回指前面小句中的 rape、torture、mutilate）。这类前置的成分应视为句子的话题（Rizzi, 1997; Haegeman, 2000）。

（6）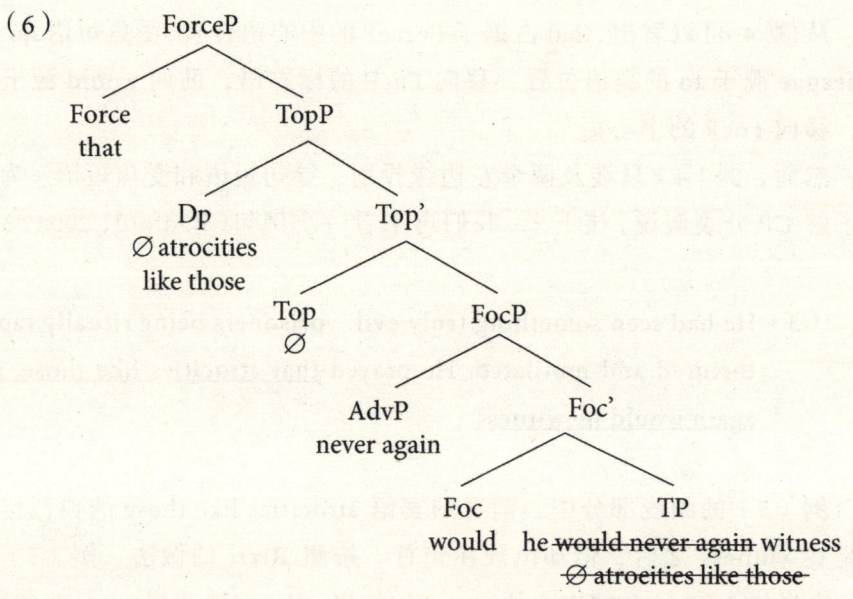

到目前为止，我们只谈及 ForceP、TopP、FocP 三个投射，没有涉及 FinP。事实上，Rizzi（1997）提出 FinP 所依据的是意大利语语料。意大利语中存在一个介词性的非定式句标记成分 di，用以引导非定式句（引导定式句则用 che），如下（Rizzi，1997：288）：

（7）a. Credo che loro apprezzerebbero molto il tuo libro.

"I believe that they would appreciate your book very much."

b. Credo di apprezzare molto il tuo libro.

"I believe 'of' to appreciate your book very much."

（8）a. Credo che il tuo libro, loro lo apprezzerebbero molto.

"I believe that your book, they would appreciate it a lot."

b. *Credo, il tuo libro, che loro lo apprezzerebbero molto.

"I believe, your book, that they would appreciate it a lot."

（9）a. *Credo di il tuo libro, apprezzarlo molto.

"I believe 'of' your book to appreciate it a lot."

b. Credo, il tuo libro, di apprezzarlo molto.

"I believe, your book, 'of' to appreciate it a lot."

这个 di 的特殊之处在于，它在句法结构上的位置与引导定式句的 che（相当于英语的 that）不同：当有某种句法成分前置时，che 总是出现在该前置成分之前，如例（8）所示，il tuo libro（你的书）前置后，che 只能出现在 il tuo libro 之前，而不能出现在 il tuo libro 之后；而 di 却只能出现在该前置成分之后，如例（9）所示，il tuo libro 前置后，di 不能出现在 il tuo libro 之前，而只能出现在 il tuo libro 之后。这表明，di 与 che 不能归为一类成分。

以上分析不仅对单一投射的标句短语假设构成了挑战，同时还表明，CP 分裂假说设立一个高位置 ForceP 和一个低位置 FinP 的必要性：高位置的 Force 可以容纳标句成分 che，而低位置的 Fin 则用以标记一个句子是定式句还是非定式句，从而能够容纳 di 这样的成分。

有趣的是，Radford（2004：334）指出，英语（包括中古英语和现代英语）中也存在类似于意大利语 di 的标记。他以现代英语为例加以说明：

（10）SPEAKER A: What was the advice given by the police to the general public?

SPEAKER B: *Under no circumstances* **for** anyone to approach the escaped convicts.

Radford（2004）认为，例（10）中的答句结构应该如例（11）所示，其中 for 位于 Fin 位置（引自 Radford，2004：334）：

CP 分裂假说成功地解决了许多句法上的难题，一经提出，便在跨语言的研究中得到了广泛的应用（如 Frascarelli，2000；Munaro，2003；Newmeyer，2009；Munakata，2006；van Craenenbroeck，2010；Darzi & Beyraghdar，2010；Wakefield，2011；庄会彬，2013）。

(11)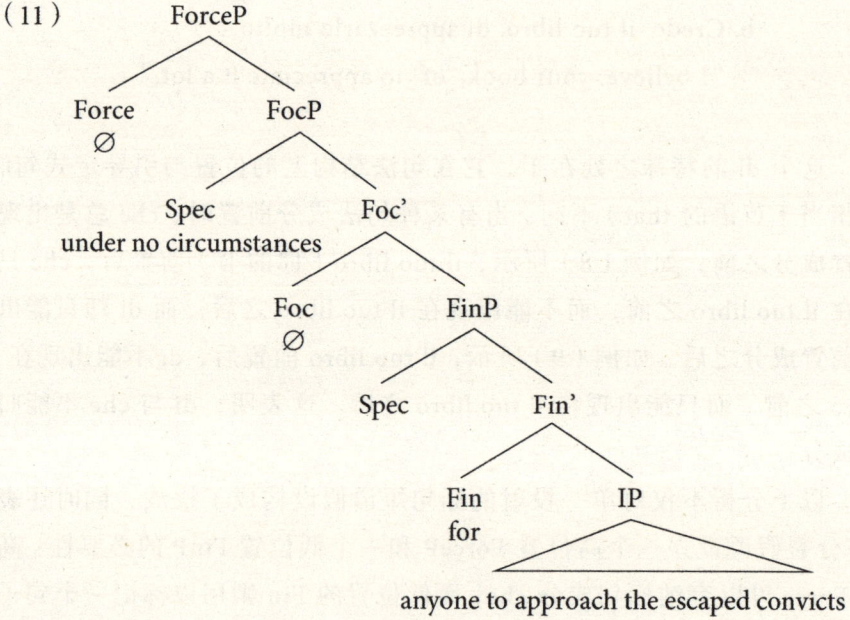

第二节 汉语的话题突显与焦点化问题

在开始讨论"王冕死了父亲"句式之前,我们首先得讨论一下汉语的话题突显(topic-prominence)和焦点化(focalization)特点。

一、汉语的话题突显

Li 和 Thompson(1976)曾把世界上的语言做了如表 3.1 的划分。

表 3.1 语言的话题、主语突显四分表

主语突显的语言	话题突显的语言	主语突显且话题突显的语言	主语不突显话题亦不突显的语言
印欧语、尼日尔-刚果语、芬诺-乌戈里克语、闪米特语、迪尔巴尔语、印度尼西亚语、马拉加斯语等	汉语、拉祜语、傈僳语等	日语、朝鲜语等	塔加洛语、伊洛卡诺语等

其中，汉语是一种话题突显的语言。Li 和 Thompson（1976：467）认为："汉语中，话题总是居于句首。"由于汉语缺乏形态标记，很难找到直接的证据来说明汉语的话题到底有多"突显"。日语则相对直观。众所周知，日语中有话题标记"は"和主语标记"が"。一般说来，句子当中先出现的话题（又称大主语）用"は"标记，后出现的主语（又称小主语）用"が"标记，而且多数句子中只有"は"没有"が"（当然，也有只出现"が"而不出现"は"的现象，如"きょうの空が青い"）。但日语不过是一种"主语突显且话题突显的语言"，而汉语则归于"话题突显的语言"。可见，汉语句子的第一个成分更多地应看作话题。事实上，关于汉语话题突显特点，赵元任先生早已有论述，他指出，"汉语句子中主语与谓语的语法意义与其说是动作者及其动作倒不如说是话题及其说明"（Chao，1968：69），也就是说，汉语的主语其实就是话题（沈家煊，2013）。

如此一来，"王冕死了父亲"中的"王冕"无疑应当视作话题成分，居于[Spec, TopP]位置。这种提法实际上与以往的研究并不矛盾，胡裕树和范晓（1995）就曾提出，这类句式是一种话题主语句结构；潘海华和韩景泉（2005）、杨大然（2008）等也认为，"王冕"不是主语，而是一个基础生成的悬垂话题成分；Pan 和 Hu（2002，2008）亦持类似的观点。

二、汉语的焦点化

汉语中之所以会出现"王冕死了父亲"这一语序，与汉语的焦点化特点无法截然分开。汉语中常见的焦点有两种：自然焦点和对比焦点[①]。自然焦点也称常规焦点，在汉语中，通常是句子末尾的成分（张伯江和方梅，1996），而对比焦点则需要借助语言中一些特定的手段来表示，常见的有重音手段、句法手段。例如，例（12）用的就是重音手段（刘丹青和徐烈炯，1998：245）：

[①] 刘丹青和徐烈炯（1998）提出还有另外一种焦点，即话题焦点。感兴趣的读者可以阅读原文。

(12) a. 老王上午借给老李一笔钱。
　　　b. 老王上午借给老李一笔钱。

句法手段又分两种：焦点标记和焦点化操作。焦点标记如例（13）中的"是……的"。

(13) 他是昨天下午进的城。

焦点化最常见的操作手段是倒装。我们不妨以英语倒装句为例，看一下焦点化是如何通过倒装实现的。

(14) a. Into the room walked John.
　　　b. In front of her sat his mother.
(15) a. Sitting in front of her was Bill.
　　　b. Under the table was a cat.

根据 Frascarelli（2000：130-131），像这种方向/地点倒置（Direction/Locative Inversion）结构以及 Be 后成分前置（Preposing Around Be）可以用来实现主语成分（Subj constituent）的焦点化。其推导过程如下：

第一步：动词提升到 Foc^0 位置，以核查[+Foc]特征。

(16) $[_{TopP}[_{FP}[_{F'}\textit{walked}_v[_{AgrSP}\textit{John}_i[_{AgrS'}\text{ t'}_v[_{VP}\text{ t}_i[_{V'}\text{ t}_v[_{PP}\textit{ into the room}]]]]]]]]$

然而，这时例（16）中的[+Foc]并不可见，这是因为有两个最大投射，即 John 和 into the room，可能成为 Foc^0 位置动词的补语。这样一来，into the room 必须外置。有证据表明，这一句式中外置的不是 PP 而是整个的 VP（英语中 VP 外置是允许的，参见 Cinque, 1990）。

第二步：VP 外置①。

（17）[TopP [VP *into the room*][FocP [Foc' *walked*v [AgrSP t'VP [AgrSP *John* [AgrS' t'v tVP]]]]]]

            [+Foc]

这样一来，主语 John 就成为 Foc⁰ 位置动词的唯一补语，并被恰当地指派[+Foc]特征。汉语中也不乏类似的倒装结构，其推导过程与上面的英语倒装句相似，如下：

（18）[TopP [VP 台上 [FocP [Foc' 坐着 v [AgrSP t'VP [AgrSP 主席团 [AgrS' t'v tVP]]]]]]

         [+Foc]

（19）[TopP [VP 家里 [FocP [Foc' 来了 v [AgrSP t'VP [AgrSP 客人 [AgrS' t'v tVP]]]]]]

         [+Foc]

关于汉语的焦点化操作，刘鑫民（2004：237）曾做出如下总结："汉语的线性序列作为一个抽象的样板，其中一些位置是为焦点预设的。在语句生成的过程中，通过语序（成分线性位次）的变化，使某个成分占据序列中为焦点而预设的位置，这就是焦点化。"

第三节 "王冕死了父亲"句式的推导

假如以上分析正确，"王冕死了父亲"句式中"父亲"的由来就只存在两种可能：第一，把"父亲"视作主语，源自[Spec, VP]位置，如例（20）

---

① Frascarelli（2000）原文中的焦点指派用的是[+F]，此处我们为了全书统一，改为[+Foc]。本质上没有区别。

所示；第二，"父亲"源自动词"死"的补足语位置（如果认可"死"是一个非宾格动词的话），如例（21）所示。

（20）[TopP 王冕 [FocP [Foc' [TP [VP 父亲 [V' 死了]]]]]]①
（21）[TopP 王冕 [FocP [Foc' [TP [VP [V' 死了 父亲]]]]]]

无论"父亲"的基础生成位置如何，"王冕死了父亲"句式都可以分两步推导出来。

首先，出于格的需要，"父亲"移到主语位置[Spec, TP]：

（22）[TopP 王冕 [FocP [Foc' [TP 父亲 [VP t 父亲 [V' 死了]]]]]]
（23）[TopP 王冕 [FocP [Foc' [TP 父亲 [VP [V' 死了 t 父亲]]]]]]

接着，"死了"经过焦点化操作，或者说出于特征核查（feature-checking）的要求，提升到了 Foc⁰ 位置上，即"父亲"之上。如下［其中，例（24）是在例（20）的基础上推导而来的，例（25）是在例（21）的基础上推导而来的］：

（24）[TopP 王冕 [FocP [Foc' 死了 [TP 父亲 [VP t 父亲 [V' t 死了]]]]]]
　　　　　　　　　　[+Foc]

（25）[TopP 王冕 [FocP [Foc' 死了 [TP 父亲 [VP [V' t 死了 t 父亲]]]]]]
　　　　　　　　　　[+Foc]

---

① "死了"的派生问题，在管辖与约束理论（government and binding theory）框架内曾颇有争议，有的学者认为汉语是一种体降落（Asp-lowering）的语言（Cheng & Li, 1991），据此，它应该是由"了"降落派生而成；有的学者则将其处理为动词提升（V-raising）（胡建华，2008），由"死"提升到"有"变换得到。然而，这一争执在最简方案中已不存在，因为"死了"从词库一出来便已经"羽翼丰满"（full-fledged）了。

第三章 理论革新的一次尝试——引入 CP 分裂假说

这时,"父亲"作为 Foc^0 位置动词的唯一补语,被恰当地指派[+Foc]特征。当然,如果[Spec, FocP]不带有[+Foc]强特征,则 VP"死了"无须通过移位来进行特征核查,留在原位,所生成的表面词序是"王冕父亲死了"。

事实上,早已有学者提出,"死"出现在"父亲"之前是通过移动实现的。例如,朱行帆(2005)假设"王冕"和"父亲死了"之间有一个轻动词 EXP 作句子的谓词。核心动词"死"向上移位并和 EXP 合并,推导出"王冕死了父亲",如下:

(26)

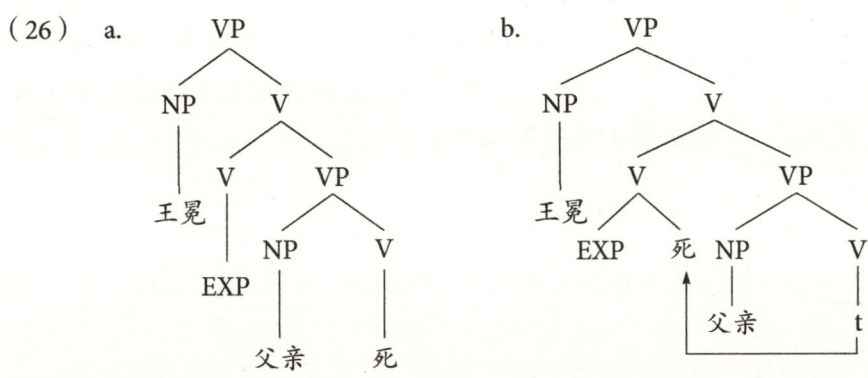

这一分析方案虽然和本章的方案有较大差别(该分析是在 VP 内推导,没有使用 CP 分裂假说),但也并非大相径庭,核心理念都是把"死(了)"移位。然而,相比较而言,本章的方案更优。朱行帆(2005)是以假定汉语具有轻动词 EXP 为前提的,而跨语言来看,其假设是为汉语特设。要知道,英语中不能说"*John died his father"(沈家煊,2009a),如果轻动词 EXP 普遍存在,就应该适用推导"*John died (his) father"。因此,朱行帆先生的方案若要立得住脚,必须得假定汉语中存在轻动词 EXP,而英语中则不存在。这样一来,就偏离了生成语法探讨语言共性的终极原则和根本目的。

本章的方案是否面临同样的问题?显然不会。根据上面的分析,我们知道,汉语是一种话题突显语言。也就是说,在汉语中,一个句子中可以容纳"王冕"与"父亲"作为两个 NP 存在(并非以领属标记衔接),"王冕"居于话题位置,"父亲"居于主语位置。英语作为一种主语突显的语言,并不能在主语之外再提供一个(悬垂)话题位置,因此不能容忍 John 与 father 作为两个 NP(一个居于话题位置,另一个居于主语位置),而只能以 John's father 的形式,作为一体居于主语位置。因此,自然也就不能推导出"王冕死了父亲"这样的句式了。

有人可能会问:既然"王冕死了父亲"中的"死了"可以出于特征核查的需要提升到 FocP 下,"父亲"岂不是也有可能提升到焦点位置?答案是肯定的。而有趣的是,假如"王冕父亲死了"一句中携带[+Foc]特征的是"父亲",经过特征核查后,其表面语序仍然是"王冕父亲死了",毕竟句子的第一个成分"王冕"处在话题位置,高于 FocP。其推导如例(27)或者例(28)所示[例(27)是在例(20)的基础上推导而来的,例(28)是在例(21)的基础上推导而来的]:

(27)[TopP 王冕 [FocP 父亲 [Foc' [TP t'父亲 [VP t父亲 [V' 死了]]]]]]
(28)[TopP 王冕 [FocP 父亲 [Foc' [TP t'父亲 [VP [V' 死了 t父亲]]]]]]

这时候,另一个问题也随之而来:既然汉语的主语和动词都可以焦点化,宾语是否也可以焦点化?我们的回答是可以的。这一现象即我们通常所言的宾语前置,这不仅见于现代汉语,在古代汉语中也不乏用例。徐杰(2001:150-152)曾援引下面几类用例说明了古汉语通过宾语前置来实现焦点化的操作:

(一)疑问句中疑问代词宾语前置[①]
(112)吾谁欺?欺天乎?(《论语》)

[①] 徐杰先生在此以注释特别指出:"实际情况可能比这还要复杂。如王力(1958)就指出,在否定句中不同的否定词和不同的代词都会对宾语前置有影响。此外,王力先生一再强调这些句子都不是'倒装句'。这跟我们的分析没有必然的矛盾。在我们的理论框架下面,王先生指的是表层结构。我们也认为在表层结构上,这些受强调的宾语的正常位置也是在动词前面。但是深层不是这样。"

（113）臣实不才，又谁敢怨？（《左传》）

（114）吾谁使正之？（《庄子》）

（115）尔何如？（《左传》）

（116）沛公安在？（《史记》）

（117）宋何罪之有？（《墨子》）

（118）姜氏何厌之有？（《左传》）

（119）责毕收，以何市而反？（《战国策》）

（120）公子何为知之？（《史记》）

（121）子归，何以报我？（《左传》）

（二）否定句中代词宾语多数前置（下列例（122-131）），有时不前置（例（132）（133））

（122）子产相郑伯以如晋，晋侯以我丧故，未之见也。（《左传》）

（123）昔君之惠也，寡人未之敢忘。（《国语》）

（124）尚恐其不我欲也。（《史记》）

（125）以国之多难，未汝恤也。（《左传》）

（126）未之思也，夫何远之有？（《论语》）

（127）我无尔诈，尔无我虞。（《左传》）

（128）日月逝矣，岁不我与。（《论语》）

（129）不吾知也。（《论语》）

（130）三岁贯女，莫我肯顾。（《诗经》）

（131）然而不王者，未之有也。（《孟子》）

（132）且人之欲善，谁不如我？（《左传》）

（133）圣人不爱己。（《荀子》）

有意思的是，即使同一个作者，同一篇文章，同一句话里，同样的述宾结构，被否定的宾语前置，没有否定的宾语不前置，对比鲜明。

（134）吾问狂屈，狂屈中欲告我而不我告。（《庄子》）

（135）谓上不我知，黜而宜，乃知我矣。（《左传》）

（三）否定句中名词宾语不前置（例（136）（137））。用代词"是"和"之"复指的名词则前置（名词前面往往加用"唯"字。例

（138-143））

（136）未绝鼓音。（《左传》）
（137）虽不得鱼，无后灾。（《孟子》）
（138）当臣之临河持竿，心无杂虑，唯鱼之求。（《列子》）
（139）君亡之不恤，而群臣是忧，惠之至也。（《左传》）
（140）今周与四国服事君王，将唯命是从。（《左传》）
（141）寡人将帅敝赋以从执事，唯命是听。（《左传》）
（142）余虽与晋出入，余唯利是视。（《左传》）
（143）帅师以来，惟敌是求。（《左传》）

在观察这类材料的基础上，徐杰（2001：152）提出如下三个"为什么"：①为什么单单这些宾语前置，而别的宾语却不前置？②为什么否定句中的宾语有时前置，有时不前置？③为什么宾语前置常跟代词相联系？

对于第一个问题，徐杰（2001：152）的回答是："上古汉语中的宾语前置都是跟焦点的表达相连的。用代词'是''之'复指名词明显是对这个名词的强调，使该名词成为句子的焦点成分。名词前面再加用有明显强调作用的'唯'字更进一步强化了这个名词的焦点特征。"疑问代词本身固有[+F]焦点特征，都是所在句子的强式焦点成分，当然都要前移。

对于第二个问题，徐杰（2001：152）认为："否定词都带[+F]焦点标记，它会对句子原有的焦点进行强化。但是，否定句的焦点不一定都是宾语，它也可以是主语或别的句法成分。当焦点成分是宾语时，这个宾语就前置。否则，这个宾语当然不会前置。"

至于第三个问题，徐杰（2001：153）认为："背后的原因跟焦点、疑问和否定都没有直接关系，而是因为代词是一种所谓的'轻'语法单位，便于移动。"而且，代词是轻语法单位不是汉语所特有的现象，SVO语序的法语中也有类似的，例如：

（29）Je t'aime.

```
        我    你-爱
     "我爱你。"
（30） Il    la   voit.
        他    它   看见
     "他看见它。"
```

当然，这里还有一个更重要的问题，那就是前置宾语在句法上的位置。以往的文献中存在诸多争议，如 Shyu（1995，2001）认为它位于 TP 与 AspP 之间，李梅（2007）认为该位置是[Spec, AspP]，Paul（2005）认为它位于内部话题（internal topic）位置。我们的观点则是位于[Spec, FocP]（其前面的成分则是话题）。

有人可能说：既然汉语的第一个成分通常是话题，若允许宾语的焦点化，有时不免会产生歧义，甚至导致意义迥异，譬如，"猫吃了老鼠"就能变成"猫老鼠吃了"。

（31）[$_{TopP}$ 猫 [$_{FocP}$ 老鼠 [$_{Foc'}$ [$_{TP}$ t'$_{猫}$ [$_{VP}$ t$_{猫}$ [$_{V'}$ 吃了 [$_{NP}$ t$_{老鼠}$]]]]]]]

这一问题其实是无须担心的。我们知道，现代汉语[①]中宾语的焦点化可以通过一个特别的"把"字标记消除歧义，如下：

（32）[$_{TopP}$ 猫 [$_{FocP}$ 把老鼠 [$_{Foc'}$ [$_{TP}$ t'$_{猫}$ [$_{VP}$ t$_{猫}$ [$_{V'}$ 吃了 [$_{NP}$ t$_{老鼠}$]]]]]]][②]

---

① 古汉语中没有"把"做焦点标记，所以出现了"吾谁欺"（《论语·子罕》）、"唯利是视"（《左传·成公十三年》）这样的宾语前置。

② 可以想象，我们给出的这一句法结构会遇上许多反对的意见。毕竟学界许多人都认为"把"字短语应位于 TP 内。事实上，Huang 等（2009）已经指出，把"把"字短语置于 TP 内的观点实际与语言事实不符，如该结构无法解释"把那些肉你切成片"；而对于 CP 分裂假说来说，则不成问题。

可见，虽然"王冕死了父亲"表面上似乎具有鲜明的汉语特色，实际上它仍是原则和参数双重作用的结果。透过现象揭示本质，挖掘汉语言现象背后的推导机制，必定能更加深入地认识语言，在探索语言共性的道路上向前迈进。

第四节 小 结

本章以 Rizzi（1997，2001，2004）提出的 CP 分裂假说解释"王冕死了父亲"句式，认为这一句式并非领主提升所致，而实为话题突显和焦点化双重作用的结果，由"王冕父亲死了"推导而来："王冕"作为悬垂话题，居于[Spec, TopP]位置，"死了"经过焦点化移到了 FocP 的中心语位置，"父亲"留在[Spec, TP]位置，并从 Foc⁰ 位置的"死了"那里获得[+Foc]指派。

CP 分裂假说是生成语法的新发展，它为汉语的"王冕死了父亲"句式的句法解释提供了一条新的研究思路，使得这一长期有争议的问题得到了较好的解释。当然，这一解释机制应用到具体的语言时，必须将该语言的特点考虑在内（如汉语的话题突显）；另外，这一假说的具体应用，必须给予限制条件，否则就有可能导致过度生成的问题，限于篇幅，相关问题我们将另文讨论。

第四章

语料扩展——汉日对比视野里的广义遭受句式

以"王冕死了父亲"为代表的广义遭受句式,在过去的半个多世纪里引发学界广泛的关注和深入的讨论。先在早期对其详尽地描述,如吕冀平(1955,1956)、邢公畹(1955)、曹伯韩(1956)、傅子东(1956)、王力(王了一,1956)、徐重人(1956)、肃父(1956)、朱德熙(1978)、李钻娘(1987)、郭继懋(1990)。之后又有学者们从不同的视角对其展开解释,例如:①生成语法视角,如徐杰(1999,2001)、韩景泉(2000)、沈阳(2001)、温宾利和陈宗利(2001)、逯艳若(2002)、马莉(2003)、孙晋文和伍雅清(2003)、潘海华和韩景泉(2005)、朱行帆(2005)、王奇(2006)、程杰(2007)、安丰存(2007)、陈宗利和肖德法(2007)、刘洋(2007)、马志刚(2008a,2008b,2009)、杨大然(2008)、徐杰(2008)、胡建华(2008)、刘探宙(2009)等;②认知视角,如徐盛桓(2003)、刘晓林(2004,2007)、沈家煊(2006)、王珍(2006)、刘国辉(2007)、石毓智(2007)等;③其他视角,如郭继懋(1999)、司联合(2004)、王志军(2007)、帅志嵩(2008)、李杰(2009)、任鹰(2009)等。学者们从各自的角度,从动词性质、领有名词来源、论元结构、题元角色决定、赋格等多个角度展开,对其进行了详尽的描写和解释。然而,直至今日,学者们仍未得出一个为人们所普遍接受的解释。纵观以往的研究,理论革新和语料积累这两个重要因素推动广义遭受句式研究不断突破(参见本书第二章);而要对这种现象做出合理的解释,下一步应在"革新理论""增加语料""展开跨语言研究"这三个方面下功夫。本章打算就后两个方面做一点尝试。

本章结构如下：第一节展示来自汉语新增语料的挑战与应对；第二节从跨语言的角度对这一句式进行考察——有鉴于其他语言未见类似的报道，本次主要是针对日语的同类现象进行汉日比较；第三节对日汉语中的广义遭受句式做了分析对比；最后是对本章的小结。

第一节 新增汉语语料的挑战与应对

"王冕死了父亲"句式一旦通过 CP 分裂假说推导完成，一系列的问题便接踵而来。下面我们逐一讨论。

问题一：根据该研究的方案，"病了父亲"是否也可以推导出来？刘探宙（2009：110-111）提供了以下例句：

（1）非典时<u>小李</u>也<u>病</u>了一个妹妹。
（2）王冕家就病了（他老）<u>父亲</u>一个。
（3）在场的人哭了一大片。
（4）郭德纲一开口，<u>我们</u>仨就<u>笑</u>了俩。
（5）不到七点，<u>我们宿舍</u>就<u>睡</u>了两个人。

通过检索，我们还找到了例（6）：

（6）Tong 丢了姐姐又<u>病了父亲</u>，坐在搬离的车上哭得鼻涕到处都是①。

如刘探宙所言，"病了父亲"不能说的真正原因并非"有定""无定"的问题，而是焦点问题。如果语境要求"父亲"必须为焦点，"病了"迫于

---

① 见于 http://www.douban.com/review/1440676/ [2013-12-1]。

无奈，也只能通过焦点化操作上移到 Foc 位置，向"父亲"指派[+Foc]特征。

值得注意的是，刘探宙（2009：117）认为，计数句在信息结构上有焦点表达的需求，因此可能存在一个位置很低的功能性投射 FocP，以"小班孩子哭了两个"这个句子为例，分析如下①：

（7）a. [TopP 小班孩子 [vp[AspP[Asp'有 [FocusP[Focus'[VP 两个 [v 哭]]]]]]]]（深层结构）

b. [TopP 小班孩子 [vp[AspP[Asp'有 [FocusP[Focus'两个 i[VP ti[v 哭]]]]]]]]（数量成分"两个"为了表达焦点的需要，向上移至 FocusP）

c. [TopP 小班孩子 [vp[AspP[Asp'哭 e-了 [FocusP[Focus'两个 i[VP ti[v te]]]]]]]]（动词上升跟"有"结合）

刘探宙的这一思路实际上是受刘鑫民的启发而来的。刘鑫民（2004：237）认为："为了使句干中并非处于述题末尾的成分成为常规焦点，方法之一是将处在述题末尾的成分提前，这样就使得本来不在述题末尾的成分占据了尾焦点的位置，成为尾焦点。"例如（刘鑫民，2004：230）：

（8）许多人<u>死</u>了，许多家<u>毁</u>了。⇒死了<u>许多人</u>，毁了<u>许多家</u>。

刘探宙采用的理论框架是 Belletti（2001）提出的低位置 FocP 假说。这一方案有其新颖之处，但其推导相对烦琐。如果使用 CP 分裂假说，就要简单得多。把"哭"移到 Foc 即可，如下：

（9）　[TopP小班孩子 [FocP哭了 [Foc'[TP两个 [VPt两个[v't哭]]]]]]
　　　　　　　　　　└──────────┘
　　　　　　　　　　　　　[+Foc]

---

① 疑例句中的 *vp* 写法有误：v 当为斜体、小写，P 当为大写、正体。另外，例（7a）、例（7b）"哭"处的 v 以及例（7c）最后的 v 当为大写、正体。

即出于核查[+Foc]特征的需要,"哭了"提升到 Foc⁰ 位置。从而"两个"成为 Foc⁰ 上动词的唯一补语,并被恰当地指派[+Foc]特征。

问题二:既然"小班孩子两个哭了"中的"哭了"可以出于特征核查的需要提升到 FocP 下,从而形成"小班孩子哭了两个",那么,"两个"岂不是也有可能提升到 Foc 位置?答案是肯定的。而有意思的是,假如携带[+Foc]特征的是"两个",经过特征核查后,其表面语序仍然是"小班孩子两个哭了"——毕竟句子的第一个成分"小班孩子"处在话题位置,高于 FocP。其句法推导过程可表示如下:

(10)

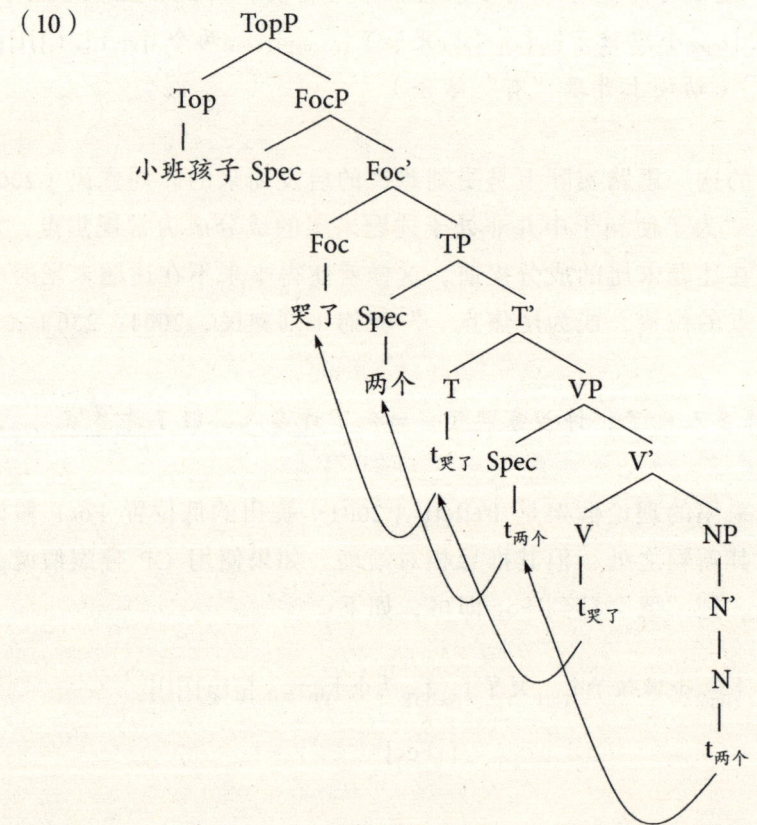

也就是说,汉语不及物动词带宾语现象可以通过移位推导而来,其推导过程严格遵循中心语移位限制(head movement constraint, HMC)。但

问题是：如果按照例（10）的推导，那么这里的句尾焦点该如何实现？这就涉及核心重音的指派问题，也是不及物动词移位的根本原因所在。

第二节 跨语言语料——日语中的"王冕死了父亲"句式

早期对广义遭受句式的研究，虽然讨论深入，但主要还是囿于汉语的语料。有的学者甚至从理论上推测"英、日、韩这三种语言中，不及物动词不能带宾语，所以这几种语言没有（3）[①]这样的句子"（胡建华，2007：163）。事实上，根据徐曙和何芳芝（2010），日语中恰是存在与"王冕死了父亲"颇为类似的表达。例如（徐曙和何芳芝，2010：37）：

（11）太郎が/は父に死なれた[②]。（太郎死了父亲）
（12）父に死なれて生活はとても苦しかった。（父亲死后，生活陷入了极端的困境）
（13）若い母親は電車の中で赤ちゃんに泣かれて困っている。（电车里，宝宝大声啼哭，年轻的母亲手忙脚乱）
（14）隣の犬に吠えられて、一晩中眠れなかった。（邻居家的狗叫个不停，害得我一夜没睡好）
（15）夕べ友達に来られて勉強できなかった。（昨晚来了朋友，没能学习）
（16）前の席に背の高い男に座られたので舞台が見えなくなった。

---

① 胡建华（2007）的原文中此处的例（3）是指"跑博士点"和"王冕死了父亲"。
② 值得注意的是，从语法上来看，日语中"父"的身份是一个施动主体（"に"是一个被动格助词）。但不管怎样，我们不能否认日语中存在类似于"王冕死了父亲"的例子。

（前面坐着一个高个子男人，害得我舞台都看不见）

直觉告诉我们，这类句子能够帮助我们解释汉语的"王冕死了父亲"句式——两者很可能是出于同一句法机制。然而，要真正证明这一点，我们首先就应该从它们的句法结构谈起，发掘其相似之处，探讨其派生机制，最终给予日汉两种语言里的"王冕死了父亲"句式乃至广义遭受句式以统一解释。下面我们先谈理论问题。

第三章提到，CP 分裂假说成功地解决了许多句法上的难题，一经提出便在跨语言的研究中得到了广泛的应用，如 Frascarelli（2000）、Munaro（2003）、Munakata（2006）、Newmeyer（2009）、van Craenenbroeck（2010）、Darzi 和 Beyraghdar（2010）、Wakefield（2011）、庄会彬（2013）等。其中，庄会彬（2013）便将这一理论应用于"王冕死了父亲"句式的研究。其解释如下（庄会彬，2013：245）[①]：

(17) [$_{TopP}$ 王冕 [$_{FocP}$ [$_{Foc'}$ 死了 [$_{TP}$ 父亲 [$_{VP}$ t'$_{父亲}$ [$_{v'}$ t$_{死了}$ t$_{父亲}$]]]]]]
　　　　　　　　　[+Foc]

需要说明的是，庄会彬（2013）之所以能够给汉语"王冕死了父亲"句式以合理解释，关键在于两点：第一，汉语是一种话题突显的语言，它的句子第一个成分通常应当视作话题[②]。如此一来，"王冕死了父亲"中的"王冕"便可处理为话题成分，置于[Spec, TopP]位置。第二，汉语可以允准焦点化操作。也就是说，"死了"则是经过焦点化操作（或者说出于特征核查的要求）提升到 Foc⁰ 位置，即"父亲"之上的。

---

① 根据庄会彬（2013），"王冕死了父亲"句式中"父亲"的由来只存在两种可能：第一种是视"父亲"为主语，源自[Spec, VP]位置；第二种认为"死"是一个非宾格动词，因此"父亲"源自其补足语位置。鉴于"死"的非宾格身份已得到广泛的认可（特别是徐杰，1999），这里只取了第二种。倘若使用第一种，余下的讨论亦应同样适用。

② Li 和 Thompson（1976：467）指出："汉语中，话题总是居于句首。"

第四章 语料扩展——汉日对比视野里的广义遭受句式

应当说，这一分析合理地解释了"王冕死了父亲"句式的生成机制，尤其是它的语序问题。我们这里更为关心的是，日语中类似"王冕死了父亲"的句式是否可以通过这一机制得到解释。答案当然是肯定的，日语同样也有话题突显的特征——根据 Li 和 Thompson（1976），日语是一种主语突显且话题突显的语言。因此，例（11）中的"太郎"完全应该看作是话题。这样一来，我们似乎已从句法结构上得到了"太郎—父—死"这样一个语序，如例（18）所示：

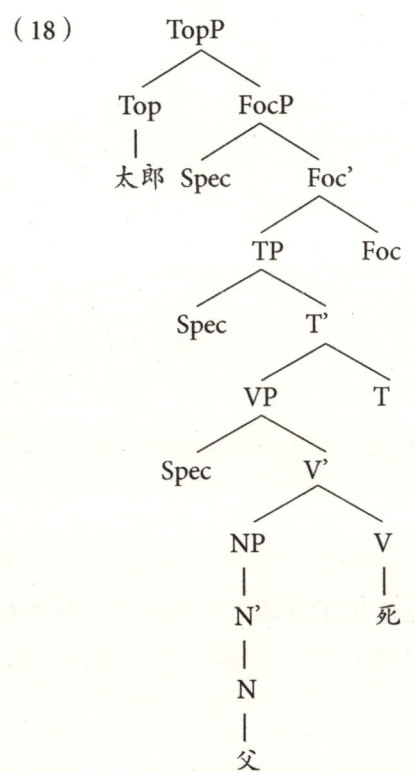

为方便讨论，我们不妨把这种句式称作遭受句式。当然，讨论远没有结束，因为例（18）这样的句法结构只能用于日语的"主—宾—动"句式，而非"太郎は父に死なれた"这样的句式；而要派生这样的句式，仍然需要进行两步操作：一是"父"需要提升到[Spec, TP]位置，二是"死"需要

提升到 Foc 位置。具体操作如下：

(19)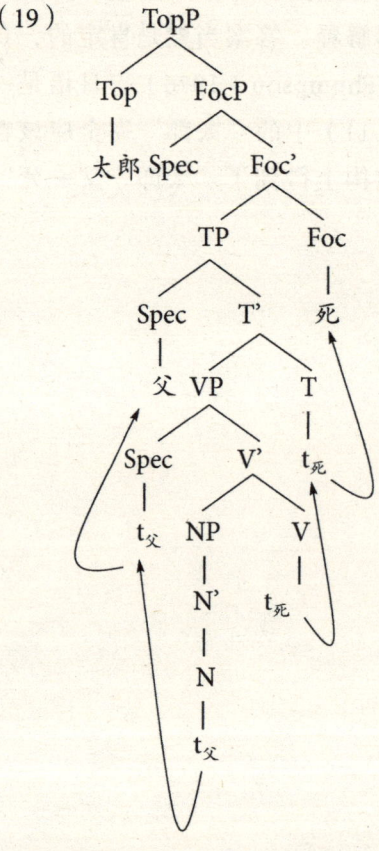

有意思的是，这一句法结构同时也给出了日语"太郎は父に死なれた"句式与被动句式相似的根本原因。试把例(11)～例(16)与例(20)、例(21)比较：

(20) 多田さんは犬に噛まれました。（多田被狗咬了）
(21) 信子さんは蜂に刺されました。（信子被蜂蜇了）

显然，两者结构几乎一样。但问题的关键是：这种现象该如何解释？理论上来说，这有两种可能。

第一种可能是认为两者本质一样,都是广义上的被动,通过移位派生。这一观点的有利证据是:①无论例(11)中的"父"、例(16)中的"高い男"还是例(20)中的"犬"、例(21)中的"蜂",都是该句中动作的发出者;②无论被动结构还是遭受结构都有遭受某种不幸的意味,在汉语中、日语中莫不如此;③上古汉语被动结构也是使用遭受义的结构,这一点与日语颇为相似。如下(王力,1980:420):

(22)谏行言听。(《孟子·离娄下》)
(23)鲁酒薄而邯郸围。(《庄子·胠箧》)
(24)昔者龙逢斩,比干剖,苌弘胣,子胥靡。(《庄子·胠箧》)

不利证据是,虽然日语中的被动结构与遭受结构有着相同的句式和语序,但在汉语里,它们的句式和语序并不相同。我们不妨再看第二种可能。

第二种可能是两者的本质不同,其表面相似只是一种巧合。事实上,这一点并不难理解,因为形态标记的指派是发生在 S-结构层面的,这就意味着日语中的名词、动词词尾,即例(11)~例(16)中的"に"以及例(20)、例(21)中的"れました"都是后来派生的。也就是说,这类的变化都是形式借用,它们和被动句式的标记相同也纯属巧合(和英语中的复数标记与一般现在时第三人称单数标记相同如出一辙)。这一假说的优点是它把"王冕死了父亲"句式与被动句式截然分开,由此做出分别解释也相对容易。然而,其缺陷也由此暴露无遗:①它无法为两种结构提供统一解释,违背了经济原则;②它分别解释的思路也与历史语言事实不符。

两种观点相决,委实难以选择。但权衡利弊,我们更倾向于第一种观点。但要采用这一观点,首先就要对被动句式与"王冕死了父亲"句式的差异做出解释,这就意味着我们需要回答两个问题:①两者是否共享同一句法结构?②它们在历史上如何更替,或曰"被"字句如何发展起来?

上面我们虽然讨论了汉日"王冕死了父亲"句式的派生过程和句法结构,但我们却没有明确说明该派生过程的内在动因。事实上,这一点必须做出交代,否则很难对以上两个问题做出回答。

第三节　日汉广义遭受句式的派生机制探讨

本书第三章第二节讨论"王冕死了父亲"句式时谈到,"死了"[①]之所以需要提升到 FocP 的中心语位置,主要是为了核查该位置的[+Foc],并将其指派给下面的"父亲"。这一观点实际上是受 Frascarelli(2000: 130-131)的启发而来,Frascarelli 认为,像这种方向/地点倒置结构以及 Be 后成分前置可以用来实现主语成分的焦点化。其推导过程简要重复如下。

第一步:动词提升到 Foc⁰ 位置,以核查[+Foc]特征。

(25) $[_{TopP}[_{FP}[_{F'}\textit{walked}_v[_{AgrSP} \textit{John}_i[_{AgrS'} t'_v[_{VP} t_i[_{V'} t_v[_{PP} \textit{into the room}]]]]]]]]$

第二步:VP 外置。

(26) $[_{TopP} [_{VP} \textit{into the room}] [_{FocP} [_{Foc'} \textit{walked }_v [_{AgrSP} t'_{VP} [_{AgrSP} \textit{John} [_{AgrS'} t'_v t_{VP}]]]]]]$

[+Foc]

如此,主语 John 就成为了 Foc⁰ 位置动词的唯一补语,并被恰当地指派[+Foc]特征。我们据此提出,例(27)、例(28)亦可如此推导,其过程如下:

(27) $[_{TopP} [_{VP} 台上 [_{FocP}[_{Foc'} 坐着_v [_{AgrSP} t'_{VP} [_{AgrSP} 主席团 [_{AgrS'} t'_v t_{VP}]]]]]]]$

[+Foc]

---

① "死了"的派生问题,在第三章第三节例(20)的注释我们已经做了说明,虽然在管辖与约束理论框架内存在体降落抑或动词提升的争执,但这一点在最简方案中已不复存在,因为"死了"从词库一出来便已经"羽翼丰满"。

（28）[TopP [VP 家里 [FocP [Foc' 来了 v [AgrSP t'VP [AgrSP 客人 [AgrS t'V tVP]]]]]]
                              [+Foc]

在这一基础上我们还进一步提出，汉语的"王冕死了父亲"句式实为焦点化操作。如果把这一观点扩展到日语语料，发现同样适用，即"死了"提升到 FocP 的中心语位置，是为了核查该位置的[+Foc]特征，也就是说，FocP 的中心语位置很可能有一个[+Foc]特征，而"死"本身也携带[+Foc]特征，只有经过两者的核查，这一运算过程才算结束。日语"太郎は父に死なれた"和汉语"王冕死了父亲"的派生分别如例（29a）和例（29b）所示：

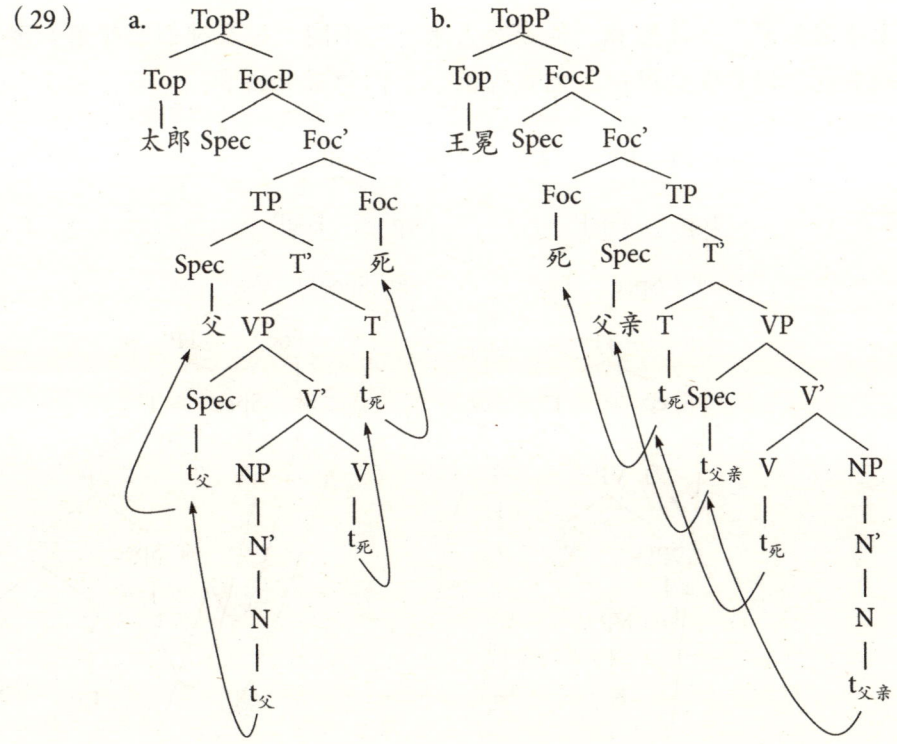

需要指出的是，这里使用的 Foc，有时可能传达的是一种遭受义，如日语中的被动态的特征就是带有受到恩惠或者伤害的感情色彩。事实上，"许多东亚语言（包括汉语）的被动句多带有一种'不如意'的遭受义"（沈家

煊, 2009b: 11)。日语是使用被动态表示遭受义的典型语言, 如动词"死ぬ"本身的意义就是表示生命的结束、丧失, 其进入一般表示损害义的自动词被动句, 则进一步体现了生命的结束、丧失而带来损害的意义 (徐曙和何芳芝, 2010)。有趣的是, 日语中用被动态表遭受义的例子还挺多, 再如:

（30）彼は雨に降られました。（他被雨淋了）
（31）家にお客さんに来られて、彼は。（家里来了客人）（注意与"家にお客様が来ています"的差异）

读者是否感觉这两个例子和汉语的"淋雨"（即"被雨淋了"）、"他家来客人了"（注意和"他家客人来了"不同）很有神似的味道？事实的确如此, 以日汉"淋雨"句式为例, 它们的派生如下:

(32)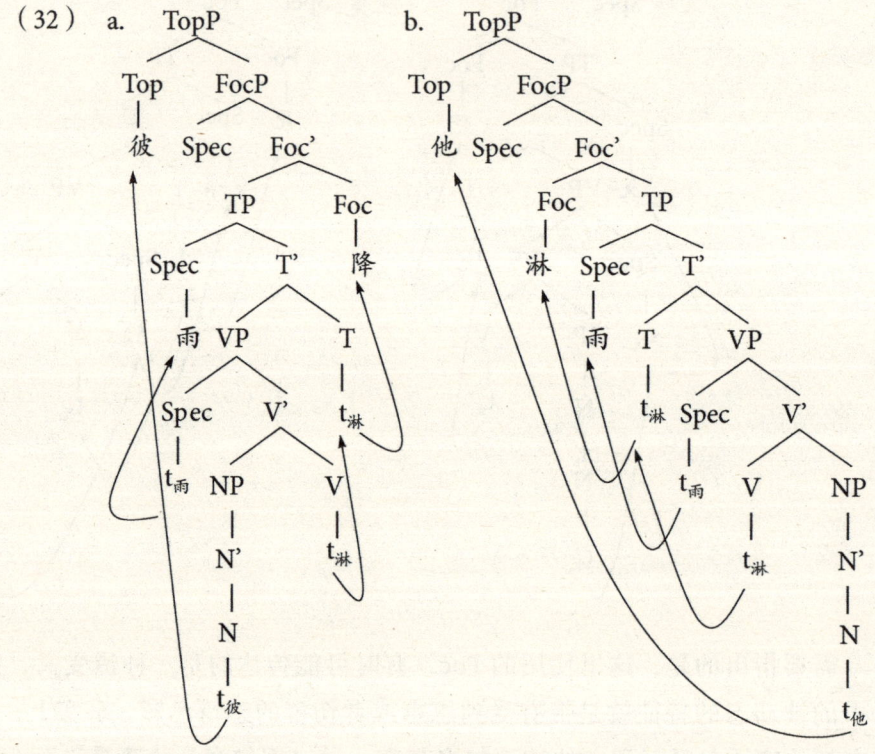

第四章 语料扩展——汉日对比视野里的广义遭受句式

再来看汉语的被动句式。与日语的被动句式不同,汉语的被动句式与"王冕死了父亲"句式存在较大差异,因为它使用一个"被-NP-V"结构。那么,它的结构如何?其实,(32)已经给出了暗示:我们试把(32)中的Foc位置换上"被",便真相大白。

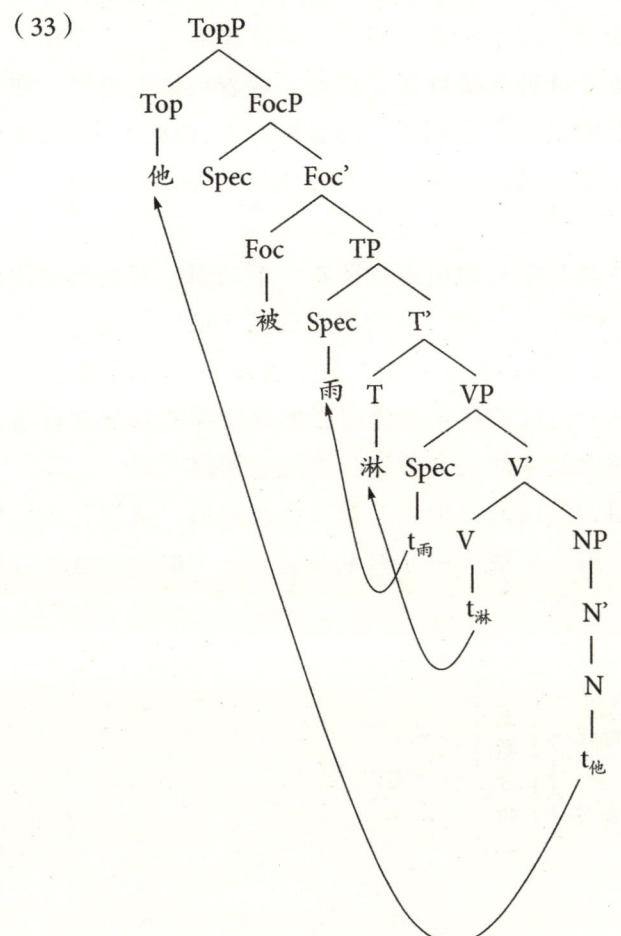

(33)

有了上面的讨论,第一个问题的答案不言自明。显然,日汉被动句式与"王冕死了父亲"句式共享同一句式结构。

由此,我们也可以对第二个问题的答案做出预测,那就是,历史上汉语曾与日语一样是使用遭受结构,但随着汉语的发展,出于某种原因,"被"字结构逐渐发展起来,并在恰当的时机替代了遭受结构①。

首先,需要说明的是,"被"字的出现,是形态消融和韵律制约双重作用的结果。

我们知道,上古汉语应该是一种形态丰富的语言,这就意味着上古汉语动词的被动用法,如例(22)~例(24),应该伴随有屈折变化,只是由于汉字书写方式掩盖了这种屈折特征。后来,随着汉语的发展,屈折现象逐渐消失,最后剩下的只是一个词干(庄会彬等,2018)。这时候既然没有了屈折变化来传达被动义,就需要借助另外的手段,即被动标记。此其一。

其次,上古汉语"被"字句的出现,还有一个动因,那就是韵律的要求。根据王力(1980:425)"'被'字句大约萌芽于战国末期",而战国末、秦、汉恰恰是上古汉语双韵素音步向双音节音步转型的时期(冯胜利,2000;庄会彬等,2018),这就意味着此前靠韵尾支撑的双韵素音步系统已经渐趋崩溃,而新建立起来的双音节音步系统也崭露头角。

以上两者共同作用,最后的结果就是新发展起来的"被V"结构的语法化,重新分析之下,最终发展出一个被动标记——"被"。这一过程可以表示如下:

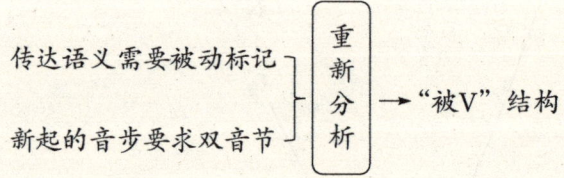

---

① 现代汉语口语里出现了一种"把"字结构,也可表示遭受义,如"他病死了一头牛→他把一头牛病死了""他跑丢了一口猪→他把一口猪给跑丢了"(李钻娘,1987:22),"(他)死了老伴→(他)把老伴死了"(陆俭明和沈阳,2003:220)。这应当是一种较新发展出来的句式。

事实上，当时出现的"被 V"结构恰恰满足这种要求。一方面，这一结构中的"被"，显然既可以解读成遭受，也可以理解成被动标记；另一方面，"被 V"出现之初，只能是双音节形式。如下（冯胜利，2000：254）：

（34）被戮（《史记》）
（35）被辱（《韩非》）
（36）被侵（《韩非》）
（37）被分（《韩非》）
（38）被刑（《韩非》）
（39）被攻（《国策》《吕览》）

又联系当时的施事出现在"被 V"之后，如"被围于赵"（《战国策·齐策》），可以设想，这一结构的派生应该如下：

（40）
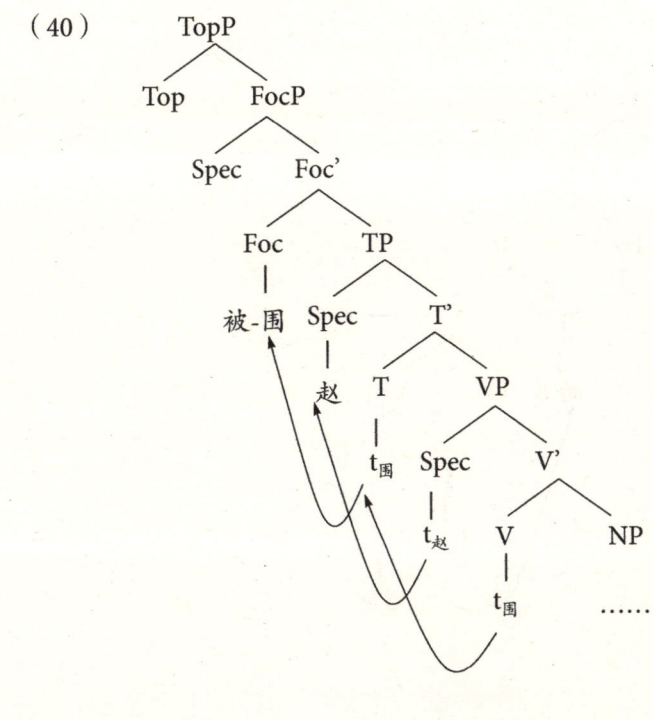

也就是说，战国、秦汉时期被动式的派生需要经过至少三步：首先，需要在 Foc 位置插入"被"这一被动标记；其次，核心动词"围"提升到 Foc 位置，与"被"结合形成一个"被围"结构；最后，"被围赵"仍不符合韵律的要求，因此在"被围"和"赵"之间还需要插入一个"于"，形成两个双音节音步，即[被围][于赵]。根据赵仲邑（1964）、朱小健（1988），"于"来自上古泛声，这就意味着"于"本身不携带意义，而它的插入完全是为了韵律需要。

然而，这种推导还是相当不经济的。既然不经济，势必就要求精简。另外，上面谈到动词提升到 Foc 位置并与"被"结合，一个重要的动因是满足韵律需要。那么，这就意味着，如果下面的动词是双音节，它就不会再提升。它所形成的结构只会使[被 $V_{\sigma\sigma}$]短语，而非[被 V]词（冯胜利，2000）。于是，核心动词选择不再移位，"于"这一语气助词也不再插入。如下：

（41）臣被尚书召问（蔡邕《被收时表》）

（42）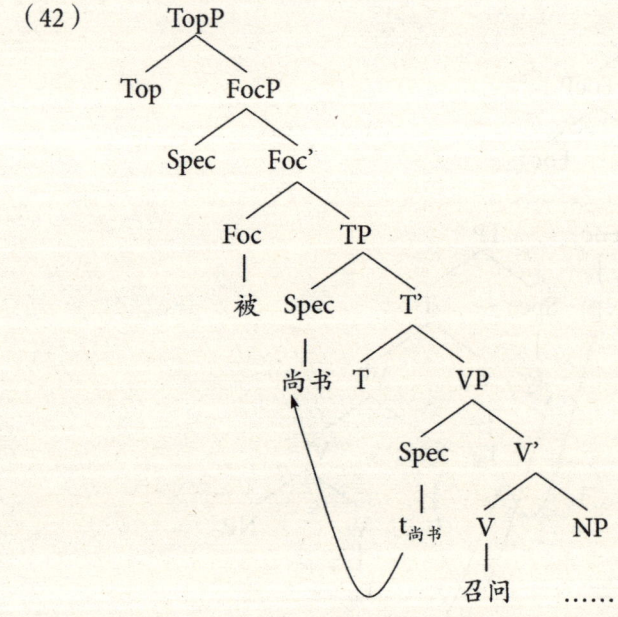

这时候，就得到了冯胜利先生所谈的"被-NP-V"结构。当然，如果这里的V是个单音节——明显与韵律要求不符，为满足韵律需要，可采用两种方案：一是加"所"字（这实际上是一种借用和类推，由"为……所……"类推而来）。例如：

（43）被赵所灭（任语丁《战国称雄》①）

第二种方案，借助体标记或句尾语气词。如现代汉语里：

（44）被赵国灭了/啦

当然，随着"被"字的进一步发展（语法化），"被"越来越发展成为一个被动标记，甚至慢慢脱离了遭受义轨道。今天还出现了新"被"字句式（王寅，2011）。

有了以上讨论，不难得知，汉语的广义遭受句式从形式上其实分为两类，一类是有"被"字标记的，另一类是无"被"字标记的。通观汉语历史可以发现，两者本是同出一源，只是后来出于表达和韵律的需要，发展出了前者，后者则继续沿用原始的派生方式，最终发展成了两种句式。

第四节 小 结

广义遭受句式曾引发汉语界的热烈讨论，但至今未有定论。就汉语（以及日语）而言，广义遭受句式至少包括"王冕死了父亲"类句式和被动句式两种句式。有趣的是，日语里两者同构，而汉语则表现为两种形态。通过研究，我们发现，日汉两种语言里的广义遭受句式实际是同一现象，之

---

① 网络文学，见 http://www.ppskw.com/files/article/html/86/86477/20844277.html。

所以在后来的发展中出现了差异，主要是由于汉语历史上形态的消失和韵律发展，汉语的一部分（以及日语全部）广义遭受结构继续使用上古汉语（以及日语）遭受句式的派生方式，而汉语的另一部分则使用新发展起来的被动结构。

  本章借助 CP 分裂假说，尝试对日汉两种语言里的同一现象做出统一解释，即该类句式派生的根本原因在于其中的 Foc^0 节点具备[+Foc]特征，需要得到核查。有两种方案可以满足这一要求：第一，提升下面的动词；第二，插入一个核查成分。为满足核查要求，日语采用的是第一种方案；汉语则两种兼用，"王冕死了父亲"类句式采用的是提升核心动词，而普通的被动句式则使用了插入遭受标记"被"。

第五章

理论再尝试——韵律句法视角下的广义遭受句式解释①

汉语学界曾一度认为"王冕死了父亲"句式为不及物动词带宾语的一种特例，类似的例子还有如"张三断了一条腿""看守所跑了一个犯人"。这一观点是对是错姑且不论，但大量的文献研究曾从动词性质的界定、领有名词的来源、格指派、题元结构等多个角度展开了探讨，对这类句式的推导做了有益的探讨，然而对于这类现象的出现却一直没有明确的解释。本章从韵律句法的视角出发，结合制图理论探讨该类句式的推导，并给出移位的动因。我们的核心观点有二：第一，汉语不及物动词带宾语现象实为通过移位推导而来，其推导过程严格遵循了中心语移位限制；第二，汉语不及物动词带宾语现象实际上是一种焦点突显现象，这一突显是借助于核心重音实现的（Zubizarreta, 1998；冯胜利, 2013）。

第一节 引入韵律——理论革新再尝试

就一般意义而言，不及物动词之所以称为"不及物"，主要原因在于它不能（直接）带宾语。然而，语言事实表明，汉语中部分不及物动词可有条件地带宾语，如下：

---

① 本部分曾与马宝鹏博士做过诸多讨论，深受裨益。特此致谢！

（1）a. 王冕死了父亲。
　　　b. *王冕死了那个兄弟。
（2）a. 张三断了一条腿。
　　　b. *张三断了这条腿。

这里涉及几个问题：①像例（1a）、例（2a）这样的句式是如何来的？②为什么会产生这类句式？③既然例（1a）、例（2a）可以说，为什么例（1b）和例（2b）不能？

对于问题①，以往的研究做了深入和有益的探讨（徐杰，1999，2001；韩景泉，2000；沈阳，2001；温宾利和陈宗利，2001；逯艳若，2002；马莉，2003；孙晋文和伍雅清，2003；潘海华和韩景泉，2005；朱行帆，2005；王奇，2006；程杰，2007；安丰存，2007；陈宗利和肖德法，2007；刘洋，2007；马志刚，2008a，2008b，2009；杨大然，2008；徐杰，2008；胡建华，2008；刘探宙，2009；庄会彬，2013；等等），对其推导过程做了较好的诠释；但其对不及物动词带宾语的动因（问题②）以及受限问题（问题③）却是着力不足。

就此，我们不妨通过对以往的研究做一简要回顾来加以说明，并在此基础上做出理论抉择。

早在 20 世纪 50 年代的"主语宾语问题大讨论"中，便有许多学者开始对汉语不及物动词带宾语现象表示关注（吕冀平，1955，1956；邢公畹，1955；曹伯韩，1956；傅子东，1956；王了一，1956；徐重人，1956；肃父，1956），但当时对该句式的争论焦点主要在动词前后名词性成分语法语义关系的归类问题，即哪个为主语/宾语，哪个为施事/受事。

20 世纪末，学者们的着力点则表现在对这一句式的详细刻画。其中最具有代表性的是：李钻娘（1987）撰文详尽地描述了汉语不及物动词带宾语现象的性质和特征；郭继懋（1990）分段刻画了这类句式的主语、宾语、动词及其使用"了""着""过"的特点，并考察了句中的某些比较特殊的现象。

及至世纪之交，随着国际语言学重心从描写转向解释，学者们开始对该句式进行探讨性解释，似乎形式语言学家专注其推导（如徐杰，1999，2001；韩景泉，2000；沈阳，2001；温宾利和陈宗利，2001；逯艳若，2002；马莉，2003；孙晋文和伍雅清，2003；潘海华和韩景泉，2005；朱行帆，2005；王奇，2006；程杰，2007；安丰存，2007；陈宗利和肖德法，2007；刘洋，2007；马志刚，2008a，2008b，2009；杨大然，2008；徐杰，2008；胡建华，2008；刘探宙，2009；等等），认知语言学家则更侧重这一现象存在的原因（如徐盛桓，2003；刘晓林，2004，2007；沈家煊，2006；王珍，2006；刘国辉，2007；石毓智，2007；王志军，2007；任鹰，2009；等等）。事实上，形式学派也并非不关注这一句式存在的原因。从徐杰（1999）引入"非宾格假说"开始，这一探讨路径无疑成了该句式研究的主流。

何为"非宾格假说"？根据 Perlmutter（1978）的"非宾格假说"，不及物动词内部成员的特征并不是同一的，而是由两个子类组成，每一类都有各个不同的语义特征，并且与不同的句法表达式相连。后来，Burzio（1986）采纳了他们的观点，并在乔姆斯基的管辖与约束理论的框架下提出了一个句法假设：不及物动词可以分为两小类，一类为非宾格动词，另一类为非作格动词，每一类都与深层不同的句法表达式相连。例如，从管辖与约束理论的角度来看，非作格动词在深层结构中只有主语，没有宾语，而非宾格动词在深层结构中只带宾语（可以是小句或名词词组），没有主语。它们在深层结构中的表达式如下：

（3）a. 非作格动词：NP[$_{VP}$ V]
　　 b. 非宾格动词：—[$_{VP}$ V NP/CP]

Burzio（1986）假定：①就论元结构来讲，非作格动词只有外部论元，没有直接内部论元；非宾格动词只有一个直接内部论元，没有外部论元。②就句法特征来讲，非宾格动词后面不能有带宾格形式的宾语，因为它不能给后面的宾语赋结构格。非作格动词具有赋格能力，尽管它的论元结构中没有可以赋格的内部论元，但它可以把宾格赋给非词语搭配的名词词组。

汉语的非作格动词与非宾格动词之分,在学界也早有讨论,如李艳惠(Li,1985)、吕叔湘(1987)、黄正德(1990,2007)、徐杰(1999,2001)等。他们认为非作格动词一般都是描述动作的动词,非宾格动词则主要以表现存在、出现或消失的存现动词为主。如下:

(4) a. 非作格动词:笑、哭、飞、跳、吵闹等表示动作的自动词
    b. 非宾格动词:来、去、是、有、死、走、出现、发生、躺着等存现动词

不得不承认,理论对研究的推动作用是重大的。结构主义早期注重描述,而生成语法和认知语法则开始关心这一句式的推导及其背后的动因。从单纯描述到追求解释,无疑是一个不小的跨越,而决定这一次跨越的,是理论上的革新。虽然这一理论革新的过程漫长而曲折,并不断伴随着否定、肯定、再否定的过程,但结果常常是令人惊喜的!

当然,面对层出不穷的汉语语料,理论构想有时仍显得捉襟见肘。如一开始,对于汉语不及物动词带宾语现象,许多学者都坚持该句式中的动词为非宾格动词。如果这一观点成立,也就不允许"王冕病了父亲"这类句子——然而现实的语料却表明,"病"字后面也同样可以出现所属成分。例如(刘探宙,2009:111):

(5) 非典时小李也病了一个妹妹。
(6) 王冕家就病了(他老)父亲一个。

因此,不难预测,随着语料的增加以及理论的革新,还会有新观点不断涌现。

在第三章我们已经看到 CP 分裂假说不但可以推导"王冕死了父亲句式",而且还可以解决"病笑"类的广义遭受句。其推导分别如下:

（7）[TopP 王冕 [FocP [Foc' 死了 [TP 父亲 [VP t 父亲 [v' t 死了]]]]]]

（8）[TopP 王冕 [FocP [Foc' 死了 [TP 父亲 [VP [v' t 死了 t 父亲]]]]]]①

（9）a. Tong 丢了姐姐又病了父亲，坐在搬离的车上哭得鼻涕到处都是。
　　　b. [TopP Tong [FocP 病了 [Foc' [TP 父亲 [VP t 父亲 [v' t 病了]]]]]]

　　这一推导基于两个前提：①汉语是一种话题突显的语言；②焦点化。首先，"父亲"出于格的需要，移到主语位置[Spec, TP]；而后，"死了"经过焦点化操作（或者说出于特征核查的要求），提升到了 Foc⁰ 位置上，详细讨论可见第三章第三节。

　　然而，问题仍在：不及物动词带宾语的推导似乎在句法上也是行得通的，并不完全受句法的限制。那么其背后的原因到底是什么，即汉语的不及物动词为什么需要移位？

　　下面将从韵律句法的视角出发，结合制图理论探讨该类句式的推导，并给出移位的动因。本章将先对以往的研究做出回顾，之后再结合 CP 分裂假说，借助制图理论表明，汉语不及物动词带宾语现象的推导过程实际上遵循了中心语移位限制；进而通过韵律句法的核心重音原则说明，汉语不及物动词带宾语现象形成的根本动因是将该宾语置于句尾焦点，借助核心重音，使之突显。

第二节　汉语不及物动词带宾语的动因探讨

　　前面说广义遭受句式的推导是一种焦点化移位。焦点化是汉语实现焦点的一种方式。当然，汉语中的焦点有自然焦点和对比焦点两种，在第三

---

① 例（7）和例（8）的差异就在于这里"父亲"的原始位置，显然这是因为采纳非宾格假说与否的差异。如果认为"死"是一个非宾格动词，"父亲"的原始位置则在其补足语位置；如不采纳这一假说，则不然。

章我们已经有所讨论，这里不再重复。其中，最常用的焦点位置就是自然焦点。自然焦点，又称常规焦点或尾焦点，在汉语中，通常是句子末尾的成分（张伯江和方梅，1996）。那么，汉语句尾的成分何以会成为焦点？这里就涉及核心重音问题。核心重音也被称为宽焦点重音（wide focus stress），是相对突显在韵律结构上的一种自然语音实现。既然是自然实现，它就不同于对比重音（contrastive stress）、强调重音（emphatic stress）、结构焦点重音（structural focal stress）等。

如何判断核心重音所在？根据 Feng（2019：161），判断核心重音，一个直接的测试方法就是看它们对应的问答形式：用来回答"怎么回事/发生了什么？（What happened?）"的句子，体现的是核心重音；如若不然，则不是核心重音。试对比例（10）和例（11）：

（10）——怎么回事/发生了什么？
　　　——张三打碎了**盘子**。
　　　——***张三**打碎了盘子。
　　　——*张三**打碎了**盘子。
（11）a.——谁打碎了盘子？
　　　　——**张三**打碎了盘子。
　　　b.——张三洗了盘子？
　　　　——不，张三**打碎了**盘子。
　　　c.——张三打碎了杯子？
　　　　——不，张三打碎了**盘子**。

很显然，核心重音通常会出现在句末位置，因此在传统语言研究里，它曾被概括为"尾重原则"（principle of end weight），即"最后的最重"（Quirk et al., 1972：943）。然而，所谓的"尾重"或者句末位置，仅仅是从句子的线性顺序观察所得出的一个笼统说法，并非一个层次、结构上

第五章 理论再尝试——韵律句法视角下的广义遭受句式解释

的概念①。真正把核心重音概念上升到理论层面，是冯胜利（Feng，1995）为汉语所提出的核心重音规则：

（12）汉语的核心重音规则（Feng，1995：142）
"[s]"特征必须指派给基干树形结构的最后成分。

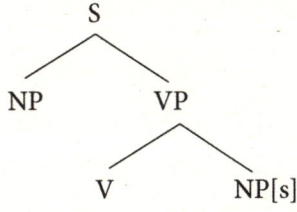

相对突显原则将保证 NP[s]节点的姊妹节点 V 获得[w]的特征。于是，一个完整的核心重音指派过程及其结果是：

（13）

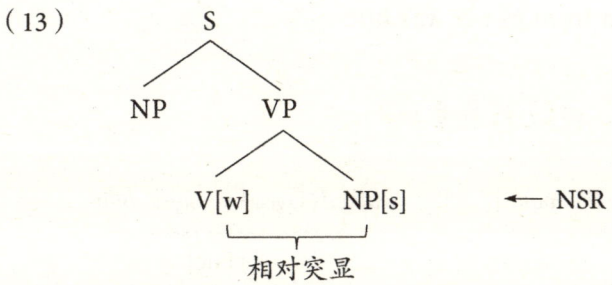

当然，这一规则也可以表达为"管辖式核心重音"（government-based NSR），具体如下：

---

① 事实上，尾重原则不光在理论上站不住脚，在实践中，也遭遇诸多反例，因为并非所有的语言都是句尾焦点。例如：朝鲜语等许多 SOV 型语言中，紧接在句末动词前的成分是自然焦点（Kim，1988）亦即核心重音所在；匈牙利语也是如此（Harlig & Bardovi-Harlig，1988）。

管辖式核心重音（Feng, 2003: 1091）

给定两个姊妹节点 C1 和 C2，若 C1 和 C2 为选择次序，那么处于较低选择位置且受管辖者较为突显。(Given two sister nodes C1 and C2, if C1 and C2 are selectionally ordered, the one lower in selectional ordering and containing an element governed by the selector is more prominent.)

事实上，很多语言现象可以让我们看到焦点化移位是为了实现核心重音的指派。譬如 Frascarelli（2000）曾以英汉语倒装句为例，说明如何通过焦点化移位实现英语倒装句（核心）重音的指派，如（Frascarelli, 2000: 130）：

（14）a. Into the room walked John.
　　　b. Sitting in front of her was Bill.

Frascarelli（2000: 131）的推导如下：

（15）[$_{TopP}$ [VP *into the room* [$_{FocP}$ [$_{Foc'}$ *walked*$_V$ [$_{AgrSP}$ t'$_{VP}$ [$_{AgrSP}$ *John*

　　　　　　　　　　　　　　　　　　　　　　[+Foc]

[$_{AgrS}$ t'$_V$ t$_{VP}$]]]]]]

很显然，Frascarelli（2000）这里 walked 所指派的[+Foc]特征，不应该是它所核查的那个[+Foc]——经过核查，那一特征早已消失，不可能再指派给后面的补语 John——而是另有来源。结合英语的核心重音指派特征（Zubizarreta, 2016），这种[+Foc]当为核心重音，而恰恰是因为核心重音的指派，最后的 John 受焦（focused）①。

---

① 当然，如果这里的 John 是一个旧信息，这里还会涉及音高重音（pitch accent，相当于核心重音）删略（Zubizarreta, 2016），这里不做细述。

第五章 理论再尝试——韵律句法视角下的广义遭受句式解释

有趣的是，汉语中的"方向/地点倒置"也可以这样解释，如下（引自本书第三章）：

（16）[TopP [VP 家里 [FocP[Foc' 来了 v [AgrSP t'VP [AgrSP 客人 [AgrS't'v tVP]]]]]]
[+Foc]NS

（17）[TopP [VP 台上 [FocP[Foc' 坐着 v [AgrSP t'VP [AgrSP 主席团 [AgrS't'v tVP]]]]]]
[+Foc]NS

例（16）、例（17）与英语的倒置结构相似，汉语主语成分的焦点化也是通过提升动词完成的，即动词"来了""坐着"提升到 Foc⁰ 以核查[+Foc]特征；但与英语例（15）不同的是，例（16）、例（17）中的"家里"与"台上"置于话题位置，不仅是为了实现主语成分"客人"与"主席台"的受焦，还与汉语自身话题突显的特点有关。这一思路无疑佐证了 Zubizarreta（1998）、冯胜利（2013）的思想，即焦点重音与核心重音的交互作用。当两者相互冲突时，有两种办法予以解决：一种是通过重音转移（stress shift），将重音直接落在焦点重音处；另一种是通过移位，将焦点重音与核心重音合二为一，也就是他们所说的韵律移位（P-movement）。

有了以上讨论，我们不难推出，汉语不及物动词的核心重音指派情况如下：

（18）a. [TopP [VP 王冕 [FocP[Foc'死了 v [AgrSP t'VP [AgrSP 父亲
[+Foc]NS

[AgrS't'v tVP]]]]]]

b. [TopP [VP 张三 [FocP[Foc'断了 v [AgrSP t'VP [AgrSP 一条腿
[+Foc]NS

[AgrS't'v tVP]]]]]]

也就是说，焦点化移位是为了满足焦点突显，不过这里的焦点突显，是采用了核心重音实现（Zubizarreta，1998；冯胜利，2013）。要知道，汉语的核心重音是在管辖规则下实现的；而要实现重音，必须保证"管辖"。从例（18b）可以看出，"一条腿"所在 TP 受到动词"断了"的管辖，因此，"一条腿"获得"断了"所指派的核心重音。也就是说，"张三断了一条腿"能够顺利指派核心重音，一个关键就是其焦点化移位成就了不及物动词对其后"宾语"的管辖。

第三节　汉语不及物动词带宾语的受限问题

讨论到这里，仍有一个问题亟待解决，那就是为什么汉语不及物动词所带的宾语，通常只能是无定成分，而不能是有定成分，如"王冕死了父亲""张三断了一条腿"可以说，而"*王冕死了那个兄弟""*张三断了这条腿"却不能被接受。以往的研究对这一问题虽有涉及，但一直没有做出回答。

单纯就句法操作而言，不及物动词无论带有定成分做宾语还是无定成分做宾语，都不构成问题。这一点通过上面的讨论看出：句法上无法排除有定成分实现为不及物动词宾语的可能性。但事实却是有定成分无法充当不及物动词的宾语，这一问题该如何解决？

事实上，有了核心重音理论，这一问题也就迎刃而解，原因就在于有定成分是韵律的"隐形成分"（参见 Feng，2003；冯胜利，2013），无法承载核心重音，而无定成分则可以。因此，有定成分即使要成为焦点，也无法通过核心重音的方式实现。如此一来，下面的对立也就可以得到解释：

（19）a. 张三断了一条腿。
　　　b. 张三一条腿断了。

第五章 理论再尝试——韵律句法视角下的广义遭受句式解释

  c. *张三断了这条腿。
  d. 张三这条腿断了。
（20）a. 村里死了一个人。
  b. 村里（有）一个人死了。
  c. *村里死了这个人。
  d. 村里这个人死了。

  例（19c）、例（20c）之所以不能说，是因为这两句中的焦点化句法操作导致核心重音无法得到顺利指派，是一种不经济的行为；与之形成鲜明对比，例（19a）、例（20a）中的焦点化句法操作，实现了核心重音的顺利指派。

  也就是说，要强调"王冕父亲死了""张三一条腿断了"中的"父亲"和"一条腿"，（至少）有三种方式可以使用：其一，是通过语音手段，重读"父亲"和"一条腿"；其二，通过标记手段，如"王冕是父亲死了""张三是一条腿断了"；其三，通过焦点化（句法移位），借助核心重音实现焦点，如"王冕死了父亲""张三断了一条腿"。

  然而，如果这里涉及的是有定成分，如"王冕那个兄弟死了""张三这条腿断了"其强调手段则只能有两种，一种是通过语音手段，即重读"那个兄弟"和"这条腿"，另一种是使用标记手段，如"王冕是那个兄弟死了""张三是这条腿断了"，而无法通过句法移位，借助核心重音实现焦点。

  至于本章的例（5）、例（6），或许对我们这一分析造成挑战，但也不是无法解释。试对比例（21a）与例（21a'）、例（21b）与例（21b'）：

（21）a. 到了早操时间，那群孩子就起了天天和闹闹两个。
  a'. ? 到了早操时间，那群孩子就起了天天和闹闹这两个。
  b. 当年那几对小情侣现在就分手了小赵和小李一对。
  b'. ? 当年那几对小情侣现在就分手了小赵和小李这一对。

  显然，例（21a）与例（21b）虽然就数量短语的使用来看，像是无定，但是从人名上看是有定的。另外，如果从信息结构的角度看，例（21）中的"天天和闹闹两个""小赵和小李一对"都提供了关于数量的新信息。可见，信息新旧与否，也是决定汉语不及物动词带宾语句式能否成立的关键。这一点可留待将来再做讨论。然而，一个最为明显的问题却是下面的句子无法得到恰当排除①：

（22）a. *王冕休息了父亲。
b. *王冕咳嗽了父亲。

可见，要解决不及物动词带宾语的问题，引入韵律因素固然有意义，但要完全抛弃非宾格假说尚不可取。

第四节 小 结

本章结合倒装句、强调句、话题句等讨论句子左边缘结构研究对韵律语法研究的意义。研究发现，句子左边缘的受焦短语的设置与韵律的核心重音指派的内在动因并无二致：在句法操作上，提升不及物动词核查[+Foc]特征，并将这一特征指派给其下方的 DP/NP，从而使之得到强调；而韵律层面则表现为不及物动词的宾语在句子右边缘承载核心重音。总而言之，汉语左边缘结构的句法研究为韵律语法研究再启一扇门户。

近年来，汉语不及物动词带宾语现象已引起了学者们普遍的兴趣和广泛的关注。以往的研究得失兼有，但总体而言，主要还是在句法的框架内进行的；虽有突破，但对韵律在这一推导过程中的作用强调不够。本章在冯胜利所倡导的韵律语法框架内再次考察汉语不及物动词带宾语现象，重新审视汉语的伪定语现象，结合制图理论探讨该类句式的推导，结果发现：

---

① 这一问题来自一位匿名审稿专家，敬致谢忱。

第五章 理论再尝试——韵律句法视角下的广义遭受句式解释

第一,汉语不及物动词带宾语现象实为通过移位推导而来,其推导过程严格遵循了中心语移位限制;第二,汉语不及物动词带宾语现象实际上是为了满足焦点突显,其焦点突显是通过核心重音实现的(Zubizarreta,1998;冯胜利,2013)。

Bocci(2013:1)在《句法-韵律接口》(*The Syntax-Prosody Interface*)一书的导言中谈道:

> Languages with a relatively rigid word order such as English—the prototypical case of language with plastic prosody in Vallduví's (1992) terms—have often been taken as evidence that syntax and prosody are substantially independent (e.g. Bolinger 1972). Discourse-related properties have a minimal impact on word order, while profoundly shaping intonational properties (Selkirk 1984; Pierrehumbert & Hirschberg 1990; Schwarzschild 1999, a.o.). By contrast, languages in which phrasal displacement is a widely exploited option—such as Italian or Hungarian—indicate that full independence between word order and prosody cannot be maintained.

也就是说,语序相对固定的语言,就像英语,其句法与韵律大体上是独立的;而较多运用短语移位的语言,如意大利语或匈牙利语,其语序与韵律则无法完全独立,可以通过移位将要强调的成分置于句尾,获得核心重音,并实现句尾焦点。Zubizarreta 和 Nava(2011)也曾表达了类似的观点。如 Zubizarreta(1998:126)就以西班牙语为例谈了 VOS 语序的两个显著特征:一是句末的主语获得核心重音;二是主语受焦[①]。本章所展示的汉语通过移位将要强调的成分置于句尾以获得核心重音并实现句尾焦点的现象,恰恰是韵律与句法互动的一个典型例证。

[①] 原文如下:The VOS order has two salient properties: the subject bears unambiguously nuclear stress and the subject is focused.

第六章

理论回归及其解释力——广义遭受句式现象再审视

对于"王冕死了父亲"的研究历程,一个最大的转折点就是徐杰(1999)引进"非宾格假说"——对非宾格与非作格的区分给这一句式带来了极大的突破。"非宾格假说"由 Perlmutter(1978)提出,该假说与 Burzio(1986)提出的"Burzio 原则"为徐杰(1999)的研究奠定了良好的理论基石。然而,在上一章我们抛弃了"非宾格假说"的解释,改用焦点移位的解释,但事实却是并非所有的不及物动词都有这种操作,如"*王冕休息了父亲""*王冕咳嗽了父亲"。可见,作格、宾格的区分还是必要的。本章将从作格、宾格的区分说起。

第一节 非宾格与非作格的分野——兼及"非宾格假说"和"Burzio 原则"

作格、宾格概念最早见于西方语言,因为这对概念的提出最早的观察依据形态标志:在格标志发达的语言里,如果不及物动词的当事 S[①]与及物动词的受事 P,两者共用同一种标志,这类语言即为作格语言(ergative language);而如果不及物动词的当事 S 与及物动词施事 A 共用同一种标志,

---

① 这一标记来自英文 the sole argument NP,特此说明。

这种语言即为宾格语言（accusative language）。简而化之，就格标志而言，作格语言里，A（施事）≠S（当事）=P（受事）；宾格语言里，A（施事）=S（当事）≠P（受事）（更多讨论可见陆丙甫和金立鑫，2015：86-88）。

英语、汉语没有作格的格标志，严格来说它们不是作格语言（望月八十吉，1989）。但我们不能由此否认英汉语言中存在作格现象。例如：

（1）a. John broke the window.
　　　b. The window broke.
（2）a. 小王开了窗子。
　　　b. 窗子开了。

上面两例中的 window 和"窗子"，在例（a）和例（b）中分别是及物动词句的受事和不及物动词句的当事，两者语法形态一样，可视为作格。也就是说，英语和汉语虽是宾格语言，但其不及物动词的论元表现并非完全统一，尽管两种语言为宾格语言，但不排除两种语言中存在一些动词有"作格性"，学者们称之为"作格动词"。作格动词没有宾格性，因此又被称为"非宾格动词"。相应地，部分不及物动词，如"哭"、"笑"、cry、laugh 等，不具有作格性，故而被称为"非作格动词"。

正是在这一区分的基础上 Perlmutter（1978）提出"非宾格假说"。其主要观点是：不及物动词内部其实可以分为非宾格动词和非作格动词两类。非宾格动词的论元在底层处于宾语位置，到了表层就出现在主语位置；而非作格动词的论元无论在底层还是表层，都处于主语位置。这一假说后来被 Burzio（1981，1986）所采纳并发展，即为"Burzio 原则"，其定义如下（引自 Chomsky，1986：139）：

Burzio 原则（Burzio's Generalization）：
　　（带有宾语的）动词，当且仅当其主语受到 θ-标记，其宾语方能获得格标记（A verb（with an object）Case-marks its object if and only if it θ-marks its subject）。

刘探宙（2018：46-47）曾对"非宾格假说""Burzio原则"提出一个综合版本：

> 传统不及物动词内部可以分作非宾格动词（作格动词）和非作格动词两类。非宾格动词的唯一论元在起始位置或深层结构中处于宾语位置，即内论元，其题元角色为客体，由于非宾格动词不能指派宾格，这个客体论元就移动到主语位置上去获取格，于是在表层结构中占据了主语位置；非作格动词的唯一论元在起始位置或深层结构中本来就在主语位置（即非派生的），即充任外论元，由于不需移动，在表层结构中依然在主语位置。

20世纪末，Huang（1987）、Li（1991）、顾阳（1996）、徐杰（1999，2001）、杨素英（1999）等将非宾格理论引入汉语研究，并取得了不菲的成绩，但一度也引发了不少的质疑，这些声音不仅来自理论本身，如赵彦春（2001）重新分析了Burzio所使用的意大利语语料，对原则的推导过程做了检验，发现"ne语素化"不是Burzio内论元说的充分必要条件，对该假说的普适性提出了质疑；之后，安丰存（2007）进一步对该原则表示了质疑。汉语的语料似乎也给这一假说带来了挑战，如按照这一假说，"病"作为一个非作格动词，由此可以预测不可能存在"王冕病了父亲"这类句子（胡建华，2008）。然而，来自汉语的语料却表明，"病"之类的成分后同样允许出现所属成分。例如（刘探宙，2009：111）：

（3）非典时小李也病了一个妹妹。

因此，我们这里至少有以下三个问题需要解决。
第一，非宾格假设是否适用于汉语研究？
第二，根据"Burzio原则"，非作格动词"病"在D-结构中应位于"父亲"之后，若要推导出"王冕病了父亲"这样的语序，要么把"父亲"移到"病"后，要么把"病"提到"父亲"前。前者徐杰（2001）认为违反了约束条件 A，后者胡建华（2008）也予以否定。因此，从理论上来讲，只有"死"类动词后面允许出现所属成分，"病"后面则不允许。然而，来自语言的事实却表明，汉语中并不能完全排除这样的句子。这该如何解释？

第三，紧接着第二个问题，为什么由非作格动词生成"王冕病了父亲"这样的句式虽然有，但却不像由非宾格动词生成的"王冕死了父亲"句式那么多？

要回答这些问题，我们还得先从汉语的非典型宾语现象说起。

第二节　汉语非典型宾语现象研究

一、现象观察

我们先看下面的例子（引自姜兆梓，2015：16）：

（4）吃食堂，吃大碗；写毛笔，考研究生；飞北京，走小路……

以上例子中，"吃""写""考"为及物动词，"飞""走"为不及物动词。有意思的是，根据上面的区分，"飞""走"皆为非作格动词，而非宾格动词却无法带非典型宾语，如下所示（参见姜兆梓，2015；Zhang，2018）：

（5）*死周瑜　　*到客人　　*来火车

问题是，为什么会存在这一不对称：及物动词即非作格动词可以带非典型宾语，非宾格动词不可以带非典型宾语？另外，在解释这一问题时，还有必要解释：为什么及物动词带非典型宾语时其语义上的宾语必须隐遁？

二、前人研究

对于上述非宾格动词跟非作格动词与非典型宾语搭配时所表现的不对

称，以往研究虽有解释，但都较为模糊，譬如姜兆梓（2015：16）的解释是：

  涉用格的共同特点是占据论元位置：1）及物动词宾语论元占据内论元位置（2a）；2）不及物动词有两种情况：非宾格结构论元在深层结构处于内论元位置，无法生成该结构（2b）；非作格结构论元在深层结构不占据内部论元位置，可生成该结构（2c）：
（2）a. 吃＊（饭）食堂 写＊（字）毛笔 考＊（试）研究生
   b. ＊死周瑜   ＊到客人   ＊被杀张三
   c. 跑课题   走小路   飞北京

  张宁（Zhang，2018：1400）的解释较为抽象："所有非典型宾语结构都具有非作格性。"也就是说，非作格动词没有题元论元，一般可以生成非典型宾语结构，具有典型的非作格性。

  显然，以上解释较为含糊，其基本的思路就是非作格动词的内论元位置没有被占用，故而非典型宾语可以（趁机）占用这一位置。这显然解释了两种不及物动词在携带非典型宾语方面的差异。但问题是及物动词的内论元位置被（其宾语论元）占据了，它为什么还可以生成非典型宾语结构。

  对此，林宗宏（Lin，2001：18）的格指派似乎可以解释。他认为，汉语动词只能指派一个格，如果一个汉语句中动词后成分多于一个，那么就会有一个动词后成分无法获得格。然而，这一解释固然有其独到之处，但却又难以一并面对两种不及物动词的反差问题。如何才能妥善解决这一问题？我们认为，有必要引入两个假说，可见性假说（visibility hypothesis）和涉用结构（applicative construction）[①]。

  [①] 国内常有人将 applicative 一词译为"施用"（如孙天琦，2009，2019）、"增元"（如程杰和温宾利，2008；程杰，2009；刘探宙，2018），考虑到该词多指某种能够给动词的论元结构添加额外论元成分的动词词缀形式，所添加的论元通常表述动词的行为涉及他人，因此我们这里根据胡建华（2010）将其译为"涉用"。

三、可见性假说与涉用结构

（一）可见性假说

可见性假说认为，格的功能在于使得 DP 在 LF 层面上"可见"，从而得到 θ-角色。也就是说，一个 DP 要得到 θ-角色，必须是可见的（visible），而 DP 要在句中成为可见成分，必须具有格[①]。

这一假说表明，格是所有论元（即所有获得 θ-角色的表达式）的特点。这一假说有两个优点。第一个优点是，有了可见性假说，我们就可以完全摈弃格过滤条件，因为其效果完全可以从可见性中获得：如果一个 DP 论元没格，就不是可见的，不是可见的 DP 不能获得 θ-角色。这样一来，DP 如果没有 θ-角色就违反了 θ-标准。第二个优点是，这一假说解释了为什么变量虽然为空范畴却无一例外地出现在格标记的位置。如下面的例句所示：

（6）a. Who expected what?
　　b. LF: [$_{CP}$ [who]$_i$ [what]$_j$ [$_{IP}$ t$_i$ I [$_{VP}$ expected t$_j$]]]
　　c. for which person x, for which thing y [x expected y]

（7）a. John likes everybody.
　　b. LF: [$_{CP}$ e [$_{IP}$ everybody$_i$ [$_{IP}$ John I [$_{VP}$ likes t$_j$]]]]
　　c. for ever person x, [John likes x]

在例（6）中，who 的语迹占据主语位置，what 的语迹占据宾语位置，二者均为格标记位置。前者由定式 I（finite I）指派，后者由动词指派。在例（7）中，提升量化词 everybody 留下的语迹也处在格标记的位置。

前面我们讲到，变量具有论元的地位，所以它在 LF 层面上也要获得 θ-

[①] Visibility (condition): an element is visible for θ-marking only if it is assigned Case (Chomsky, 1986: 94).

角色。现在我们又看到，变量具有格。这种现象用格过滤式是不能解释的，因为它只能解释显性的 DP。可见性假说则认为，变量出现在有格的位置是因为它是论元，为了获得 θ-角色，它必须是"可见的"。

虽然可见性假说有着两个优点，但是仍然有一些相关的语言现象没有得到解释，其中之一就是 PRO 以及它的分布问题，如例（8）和例（9）所示：

（8）a. To arrive early is impolite.
　　b. [CP e [IP PRO [I' to [VP arrive early]]]] is impolite
（9）a. Bill planned to arrive early.
　　b. Bill planned [CP e [IP PRO [I' to [VP arrive early]]]]

在这两个例子中，PRO 是论元，从中心语 leave 那里获得 θ-角色。然而，与可见性假说相对的是，PRO 所在位置是一个非格标记的位置（Chomsky，1986）。

可见性假说没有解释的另一个问题是虚位 DP：it 和 there。这一问题与 PRO 引发的问题相反，虚位 DP 通常出现在有格标记的位置，如例（10），它们是非论元，从而不能获得 θ-角色。

（10）a. It seems that Bill is leaving soon.
　　　b. There is a desk in the classroom.

其实，虚位 DP 的格特征并非与可见性假说相悖。可见性假说认为 DP 只有具有了格才能获得 θ-角色，这并不意味着所有有格的 DP 都获得 θ-角色。这一点我们将在后面进一步了解。

（二）涉用结构

涉用结构是一种在动词的论元结构中添加额外论元成分的操作。在某些形态丰富的语言中，动词的论元结构如需添加额外论元，会在动词词尾加上某种词缀。试比较下面两个齐佩瓦语的例子（Baker，1988：14）：

（11）a. *Mbidzi　zi-na-perek-a　　　　mpiringidzo　kwa　mtsikana.*
　　　　zebras　SP-PAST-hand-ASP　crowbar　　　to　　girl
　　　　"The zebras handed the crowbar to the girl."
　　b. *Mbidzi　zi-na-perek-**er**-a　　　　mtsikana　mpiringidzo.*
　　　　zebras　SP-PAST-hand-**APPL**-ASP　girl　　　　crowbar
　　　　"The zebras handed the girl the crowbar."

例（11a）中的目标论元（间接宾语）出现在直接宾语后的 PP 内部，然而在例（11b）中，目标论元出现在动词之后主体论元之前，而且也没有介词 kwa（相当于英文的介词 to），但动词中出现了一个被称为涉用语素（applied morpheme）的新语素。例（11b）中的目标论元称为涉用宾语（applied object），例（11b）被称为涉用结构。

例（11a）与例（11b）的语义相同，其论元与动词具有相同的题元关系。题元指派一致关系假说[①]也要求它们具有相同的 D-结构表征式。Baker（1988）认为，例（11b）中的涉用结构是由 P-融合所形成，此不赘述。

涉用结构一般拥有独立的投射 ApplP。Pylkkänen（2002）还将涉用结构进一步分为高阶和低阶两种，并指出汉语的双宾结构属于低阶增元，涉用结构由是进入汉语语法研究。王奇（2006）还引入涉用结构解释"王冕死了父亲"句式。涉用结构方案还被孙天琦和李亚非（2010）接受。

四、非典型宾语现象的解释[②]

汉语非典型宾语现象，事实上可以分为两类：及物动词带非典型宾

---

① 题元指派一致关系假说（uniformity of theta assignment hypothesis，UTAH），即词项间的题元关系由这些词项在 D-结构层面的结构关系来表征。

② 本部分曾与田良斌博士做过诸多讨论，深受裨益。特此致谢！

语现象和不及物动词带宾语现象。尤为值得关注的是，不及物动词带宾语现象主要涉及非作格动词，一般说来，非宾格动词不能带宾语。我们先看及物动词带非典型宾语的现象，之后再讨论不及物动词带宾语的现象。

（一）及物动词带非典型宾语问题

及物动词带宾语的现象较为多见，以"张三吃食堂"为例，其结构中当有涉用结构，如下：

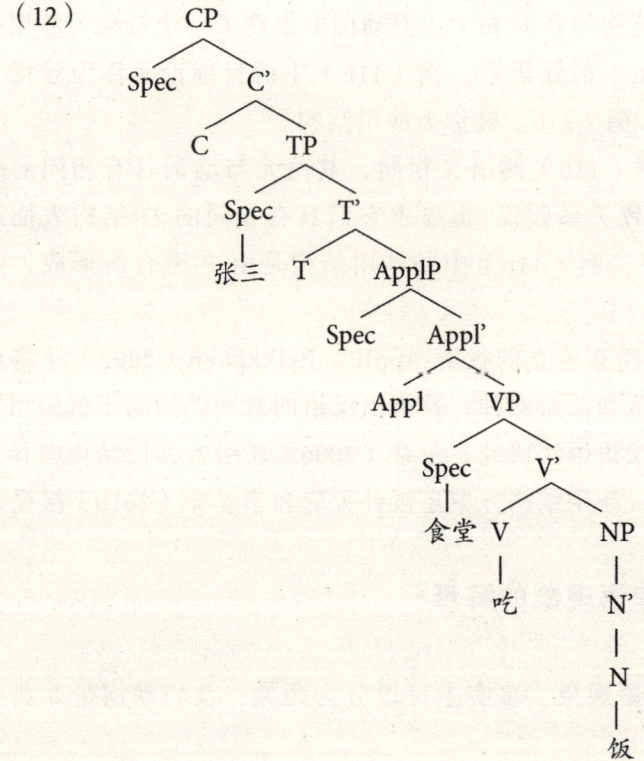

然而，由于汉语的涉用成分 Appl 是一个抽象范畴，它并无法为"食堂"

赋格（这一点，可对比轻动词 v[①]），如此一来，"食堂"因为没有格，就不可见，要可见，就必须得到格。这时候它要得到格的途径之一就是让"吃"从 V 提升至 Appl，管辖[②]"食堂"，并为其赋格。如下：

（13）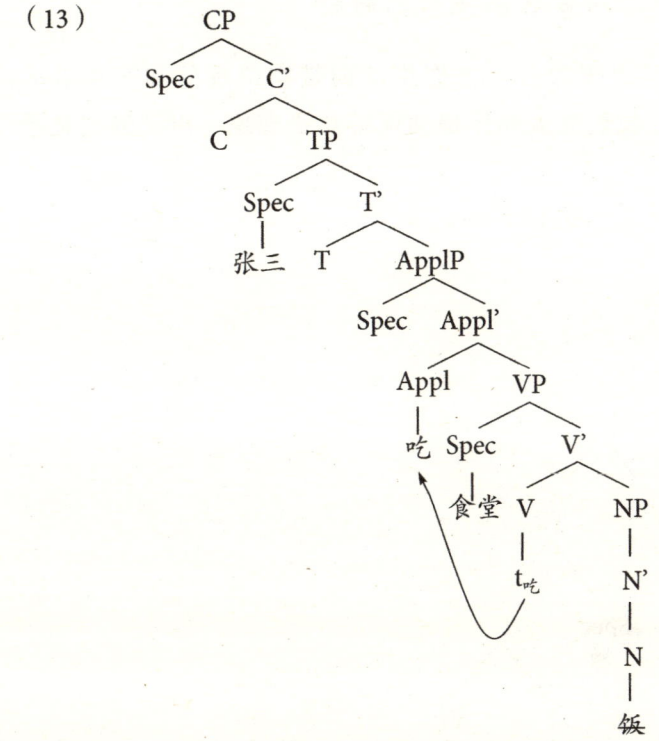

[①] 关于这一问题，Chomsky 曾就 [IP Susan I [vP [v GAVE]i v [VP [NP Bill] [V' ti [NP a book]]]]] 这样的句子指出，give 这种动词有种词汇上的特点，能携带两个宾语（Chomsky, 1988: 48），并指派两个格——首要格（primary Case）和次要格（secondary Case）（Chomsky, 1988: 94），首要格分配给直接宾语 Bill，次要格则分配给间接宾语 a book。

[②] 管辖的定义：当且仅当 α 为 X^0 范畴，α c-指令 β，且遵循最小限度条件时，α 管辖 β。

这一操作的后果就是,"吃"原来的宾语"饭"没有管辖语,无法获得格,只能隐遁(不可见)。

有了以上讨论,我们再来看不及物动词带宾语的现象。

(二)不及物动词带宾语现象的解释

不及物动词带宾语现象分为非作格动词带宾语现象和非宾格动词带宾语现象两种情况,我们先谈非作格动词带宾语现象。以"猫哭耗子"为例说起。

首先,其基础生成结构如下①:

(14)
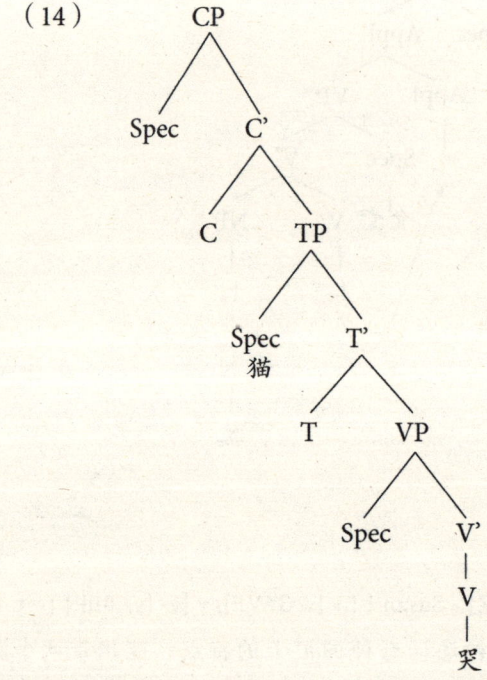

---

① 这是未采纳"VP内主语假说"(VP-internal subject hypothesis)的情况。如采纳"VP内主语假说",处理起来则要复杂得多,这里不予讨论。

第六章 理论回归及其解释力——广义遭受句式现象再审视

"耗子"怎么来的呢？它是通过涉用结构引入的。根据 Pylkkänen（2002）对涉用结构的研究，涉用结构有高阶和低阶之分，高阶涉用结构设在动词短语之上，低阶则在之下。其区分标准是：高阶结构中，新增论元与 VP 所表达的事件有联系，与 VP 内部的直接宾语不存在直接的关系；低阶结构中，新增论元和动词的直接宾语存在领属转移关系，和 VP 所表达的事件不存在直接的关系，表动词论元结果状态的静态动词不能进入低阶结构（参见张文国和盛玉麒，2012）。据此，"耗子"应是由高阶涉用结构引入，位置在 VP 之上。故而，我们有了以下结构：

（15）

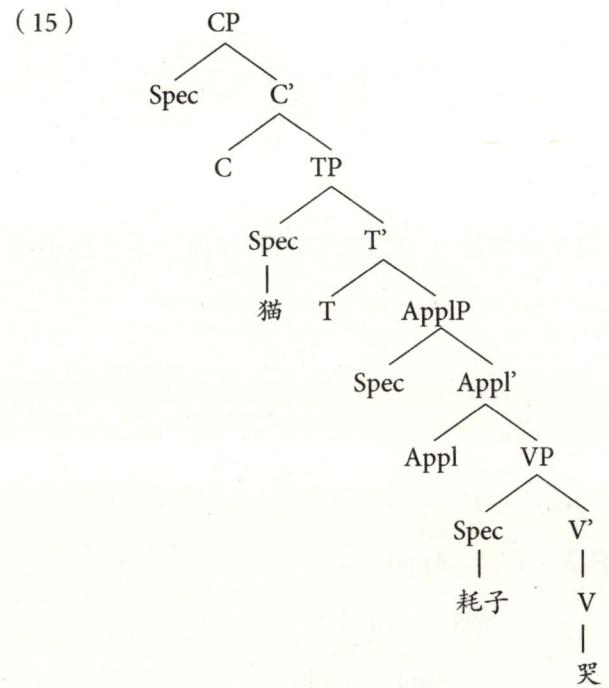

然而，此时，正如上一节讨论所见的，由于 Appl 是一个抽象范畴，"耗子"在此无法获得格，要给"耗子"赋格，只能让"哭"提升到 Appl 位置，如下：

(16)

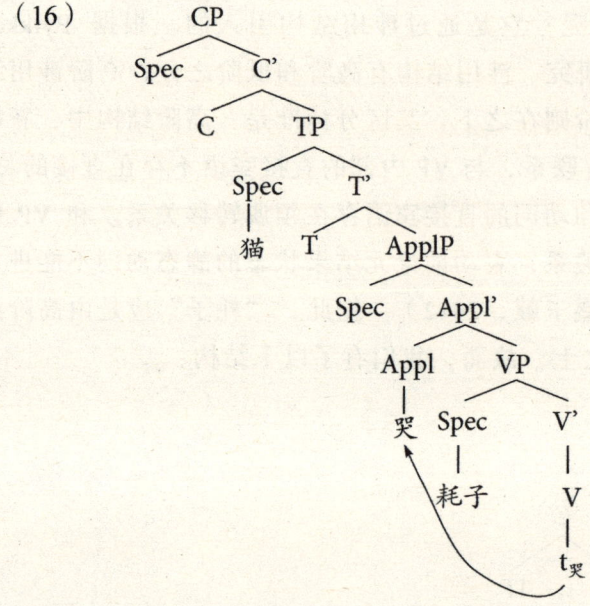

非作格动词带宾语现象的原因大致都是如此。再如"张三睡小床":

(17)

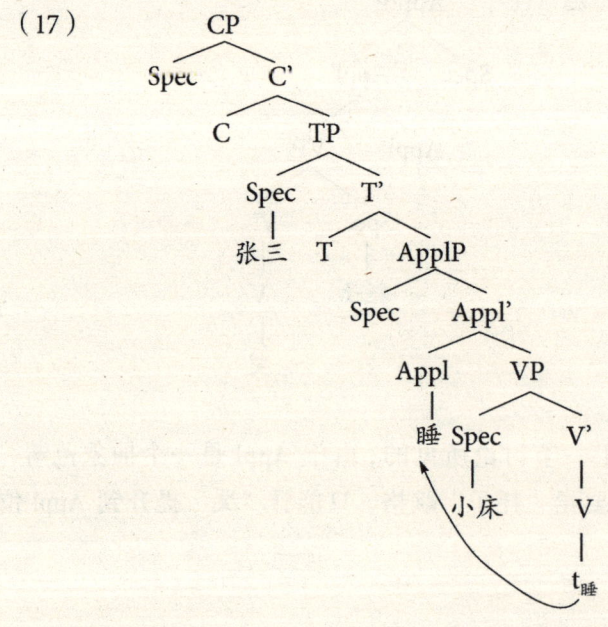

其中,"小床"的引入以及"睡"的提升大致出于同样的道理,即"小床"在此无法获得格,而只能让"睡"从 V 提升至 Appl,给予"小床"赋格。

那么,非宾格动词为什么通常不能带宾语?对此,以往的解释多为特设(ad hoc),如"Burzio 原则"规定"(带有宾语的)动词,当且仅当其主语受到 θ-标记,其宾语方能获得格标记",而刘探宙(2018)的综合版本里则干脆提出"非宾格动词不能指派宾格"。这种特设的做法固然一时解决了问题,但它不应该是普遍语法所追求的理想解释。因为从结构上来看,非宾格动词和非作格动词的深层结构分别如下:

(18) a. 非作格动词:NP [$_{VP}$ V]
　　 b. 非宾格动词:— [$_{VP}$ V NP/CP]

也就是说,非宾格动词的深层结构里 NP 位于 V 之后,完全符合管辖的定义,而管辖是格指派的核心条件。这就意味着,非宾格动词之后的 NP 完全可能在该位置获得(结构)格。如下:

(19)

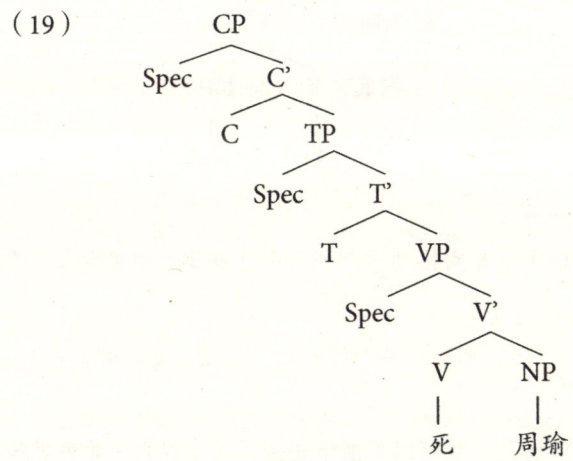

至于为什么"周瑜"最后出现在主语位置,完全可以用核心重音理论解释(参见本书第五章):有定成分是韵律的"隐形成分",无法承载核心重音,而无定成分则可以(参见 Feng, 2003;冯胜利, 2013)。这就是

"一个人来了""来了一个人"都比较容易接受的原因所在。

非宾格动词通过涉用结构新增论元会是什么情况呢？正如前文所谈，这样一来，V后的NP势必无法获得格，只能隐遁。更何况，即使该NP不隐遁，在引涉用论元后，涉用论元占据VP的指定语位置[Spec, VP]后，势必阻碍V后的NP提升至主语位置[Spec, TP]，这样一来就造成V后带有两个NP成分，必然崩溃。如下①：

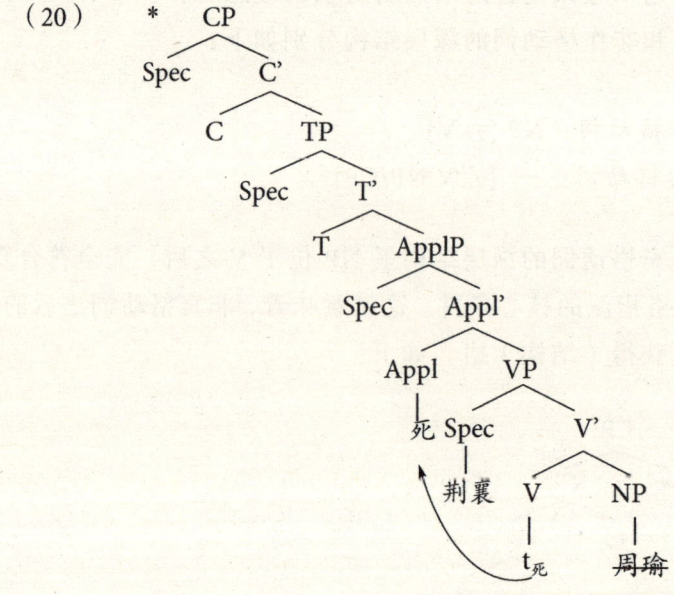

(20)

---

① 有人可能会说，古汉语中有非宾格动词"死"带非典型宾语的例子，如"死国"。如下：

（i）陈胜、吴广乃谋曰："今亡亦死，举大计亦死，等死，死国可乎？"（《史记·陈涉世家》）

（ii）设令时命不成，死国埋名，犹可以不惭于先帝。（《汉书·翟方进传》）

（iii）帐下劝之走，叱谓吾死国。（清·吴伟业《临江参军》）

（iv）而世又不与能死节者比……（司马迁《报任安书》）

这里需要注意的是，古汉语中，原因状语并不出现在VP之前，而是在VP之后，因此，这应当是另一个结构。

至于"王冕死了父亲"句式，与此并不矛盾，因为根据第三章、第四章的讨论，"王冕"当是一个话题成分，并非通过涉用结构引入，如下：

(21)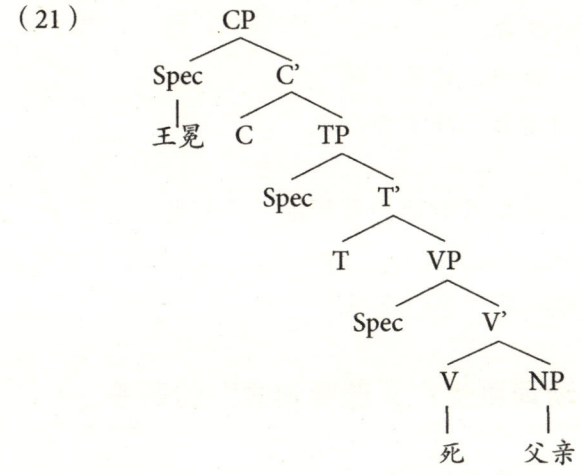

也就是说，"王冕"是一个（悬垂）话题，而"父亲"在 V 所管辖的位置得到格指派以后，即变得可见，从而获得论元。

第三节 广义遭受结构的再探讨

在第三章我们谈到，根据"Burzio 原则"，"病"是一个非作格动词，由此可以预测不可能存在"王冕病了父亲"这类句子（胡建华，2008）。然而，来自语言的事实却表明，汉语中以"病"派生的广义遭受句虽然较少，但却并不能完全排除。如下（刘探宙，2009：110-111）：

(22) 非典时小李也病了一个妹妹。
(23) 王冕家就病了（他老）父亲一个。
(24) Tong 丢了姐姐又病了父亲，坐在搬离的车上哭得鼻涕到处都是。

不光"病"可以派生广义遭受句式,"哭""笑"等动词同样也可以,例如:

(25) 在场的人哭了一大片。
(26) 郭德纲一开口,我们仨就笑了俩。
(27) 不到七点,我们宿舍就睡了两个人。

两个关键的问题(其实也是本章第一节所提三个问题的后两个)由此而来:①为什么非作格动词也可以派生广义遭受句式?②相比非宾格动词,为什么非作格动词更难以推导广义遭受句式?

一、对于"非作格动词派生广义遭受句式"的回答

对于非作格动词派生广义遭受句式,我们曾经尝试用焦点化予以解释(参加本书第三章),其结构如下:

(28)

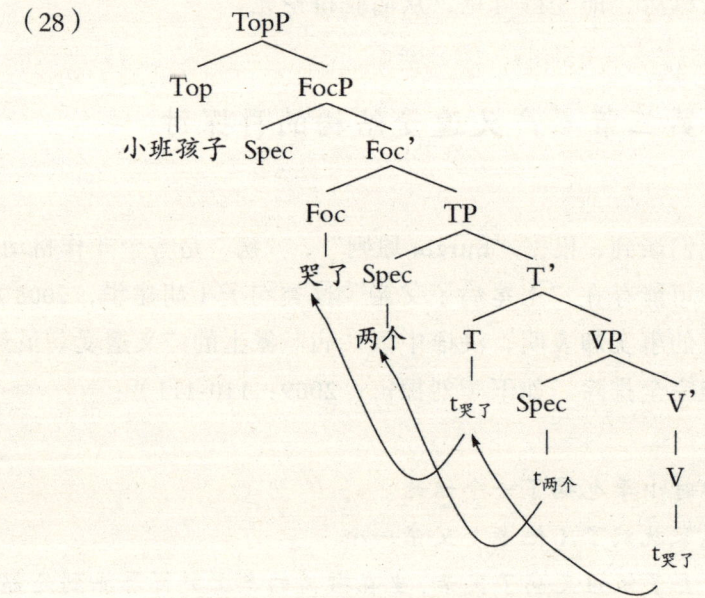

第六章 理论回归及其解释力——广义遭受句式现象再审视

这里显然采用的是"VP 内主语假说",即主语基础生成于[Spec, VP],于是这一提升过程就变得格外烦琐,需要三次提升。"两个"提升一次,即从[Spec, VP]位置提升到[Spec, TP]位置;"哭了"提升两次,先是从 V 提升至 T 位置,之后再从 T 提升至 Foc 位置。这还是没有考虑 AspP 节点的情况,如果考虑 AspP 等的存在,移位的步骤还要多很多。即便是不采纳"VP 内主语假说",其推导过程少了"两个"从[Spec, VP]到[Spec, TP]提升过程,其他的提升步骤仍是不少。

(29)

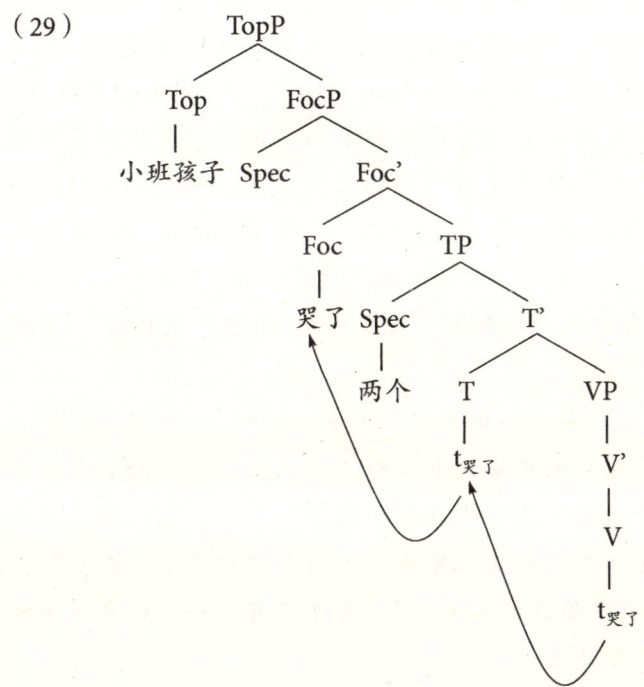

这里就有一个问题:"哭了"为什么要移位?在上一章,我们谈到韵律移位的思想(Zubizarreta, 1998;冯胜利, 2013),即焦点重音与核心重音的交互作用,即当两者相互冲突时,有两种办法予以解决:一种是通过重音转移,将重音直接落在焦点重音处;另一种是通过移位,将焦点重音与核心重音合二为一。也就是说,这里移位的前提是这里的核心重音与

焦点重音是冲突的。

有意思的是，有大量的研究发现，汉语句子焦点如果在句末，其韵律表现与常规句子相同（Jin, 1996；冯胜利, 1997；Xu, 1999；权英实, 2001；叶军, 2001；曹文, 2010）。我们引曹文（2010: 2-3）为证：

> 焦点还有宽窄之分（Ladd 1980: 75; Selkirk 1984: 215-220; Cruttenden 1997/2002: 73-81）。宽焦一般指整个句子都是焦点，宽焦句通常可用于回答诸如"发生了什么事？""怎么了？""有什么新闻？"这样的问题。而窄焦指的是某个句子成分作为焦点。窄焦句可回答一些具体的问题，诸如"你捡到什么了？""谁捡到钱包了？"等等。汉语宽焦句的重音通常落在句末的实词上。不少研究发现，宽焦句与重音居后的窄焦句没有明显的区别（Jin 1996: 18-46；冯胜利 1997: 54-104；Xu 1999；权英实 2000[①]；叶军 2001: 19-64）。
>
> 例如：
>
> a）我买了三本书。→我买了三本书。/我买了三本书。/我买了三本书。/我买了三本书。
>
> b）我买了三本书。→我买了三本书。
>
> a句的重音在句尾宾语的中心词"书"上，该句的焦点既可能是宽焦（整句用于回答"你要告诉我什么事？"），也可能是若干范围不同的窄焦中的一个（如宾语焦点，可回答"你买了什么？"，或者谓语焦点，可回答"你做什么了？"，甚至只有宾语中心成分是焦点，回答"你买了三本什么？"）。
>
> 作为对照，可以看出，b句的重音在一个直接成分（定中结构的宾语）的居前部分（数量定语）"三"上，该句只能是窄焦句（数量定语为焦点，回答"你买了几本书？"）。

这也就意味着，对汉语而言，焦点在句末的情况即为核心重音。如此，

[①] 经核实，此处当为"权英实 2001"。

再来看"小班孩子哭了两个"和"小班的孩子两个哭了"。说"小班孩子哭了两个"时,该句的核心重音当落在"两个"上(参见本书第五章的讨论),焦点重音(如果有)也应当落在"两个"上①。说"小班的孩子两个哭了"时,该句的核心重音当是"哭了",该句的焦点重音就不好说到底是在哪里了:可能在"哭了"上,可能在"两个"上,也可能在"小班孩子"上。

也就是说,"哭了"提升,推导出"小班孩子哭了两个",实际上就是解决了"小班的孩子两个哭了"一句中存在两个焦点冲突的结果:焦点在"两个"上,而核心焦点在"哭了"上——通过移位,实现两者的统一。

二、对于"非作格动词更难以推导广义遭受句式"的回答

再一个问题就是:"哭了"要移到哪里?在上一章,我们看到,这一移位最终到达 Foc 节点,为了核查[+Foc]特征。事实上,这是最简方案的思想,如果我们严格按照管辖与约束理论思想,并接受管辖式核心重音理论,那么"哭了"完全没有必要提升到如此高的位置,它要给"两个"指派核心重音,只需要移到一个管辖"两个"的位置即可。如此说来,如果我们采用"VP 内主语假说","两个"位于[Spec, VP],"哭了"移到 T 节点下即可;而如果我们不采纳"VP 内主语假说",那么"两个"就要位于[Spec, TP],"哭了"就要移到一个高于 TP 的位置。

如此一来,我们已经可以回答本节一开始所提的第二个问题了,即"相比非宾格动词,为什么非作格动词更难以推导广义遭受句式?"

首先我们需要确定核心重音在拼出(spell-out)之前即已开始起作用。相关文献证据如下②:

---

① 除非有人在听了这句话时继续追问,譬如:"哪个班孩子哭了两个?"回答的人只能说"小班(孩子哭了两个)",此时的重音会在"小班"上。

② 此处文献梳理皆来自马宝鹏博士。特此致谢!

1. 早期论证

Zubizarreta（1998）最早提出韵律作用于拼出之前，也提供了一些证据。意大利语的否定极性词（negative polarity item，NPI）可以为证（Zubizarreta，1998：145）。

（30）a. Nessuno ha   mangiato la   mela.
       nobody   has   eaten   the apple
    b. *(Non) ha   mangiato la   mela   nessuno.
       not   has   eaten   the apple nobody

例（30a）是意大利语的正常语序"主语+[助动词+动词+宾语]"，作为主语的否定极性词 nessuno（任何人）位于句首；例（30b）是发生了的移位结构，ha mangiato la mela 移到了否定极性词 nessuno 之前，主谓颠倒，语序变成了"[助动词+动词+宾语]+主语"。那么，例（30）的两个句子有什么差异？谓语前移、主语后置的原因是什么？

就意大利语的研究表明，移位的原因在于韵律：意大利语的焦点必须处于句末。"主语+[谓语]"，表达的可以是宽焦点重音、VP 窄焦点重音上或者动词补语的窄焦点重音（假如动词后有其他成分，如宾语、介词短语等）；"[谓语]+主语"的结构，主语一定要解读为焦点，获得重音（Zubizarreta，1998）。如果将例（30）的两个句子翻译成中文，应当分别是"没有任何人吃那个苹果"以及"吃那个苹果的没有任何人"——前者重音在宾语，后者重音在主语。所以，可以首先确定第一个事实——例（30b）的谓语前移，乃是受韵律驱使，以便让主语处于句末，获得焦点重音。

例（30a）和例（30b）的另一个不同之处是，移位后的例（30b）必须补出一个否定词 non（没有），目的是允准（license）位于句末的否定极性词 nessuno。相比之下，没有移位的结构［例（30a）］并无这一要求。生成语法中，否定极性词的允准，属于 LF 层面的要求。因此，例（30a）、例（30b）的对比可以帮助确定第二个事实：例（30b）的移位对 LF 层产生了影响，否则不会涉及 LF 层的否定极性词允准机制。

综合以上两个事实，可以得出如下判断：由于例（30b）中发生的移位是韵律促发的（为了让主语获得焦点重音），而移位之后的结构又对 LF 产生了影响（必须出现允准否定极性词 nessuno 的 non），那么例（30b）中的移位一定发生在 LF 之前，即发生在句法操作环节（否则无法影响语义）；既然这一操作是韵律激活的，那么例（30b）证明韵律激活了句法。

2. 最新论证

最近十几年，越来越多的学者提出韵律作用于句法之前。这主要以 Lopez（2009）和 Richards（2010，2016，2017a，2017b）为代表。如 Lopez（2009：239）明确指出："我认为韵律原则和严式句法原则在句法结构的线性化中都起作用（I argue that both prosodic principles and narrow-syntactic principles play a role in the linearization of syntactic structures）。"作者认为有（线性化）移位是出于韵律动机（prosodically motivated movement）。

Richards（2010）在其《话语树》（*Uttering Trees*）一书的结论部分明确提出"韵律的作用在拼出之前"（Richards，2010：205）。Richards（2016）开宗明义，说"the building of certain aspects of phonological structure in fact begins in the 'narrow syntax'"（Richards，2016：2）、"Rather, the grammar is building a kind of 'rough draft' of the final phonological representation, which can differ from the actual final phonological representation, and it is this rough draft which drives syntactic operations"（Richards，2016：3）。其中，他提到建构韵律上的雏形结构是在拼出之前，而且这种结构会促发句法运作。Richards（2017a）明确提出英语的核心重音作用于拼出之前。Richards（2017b）提出韵律参数激活移位（prosodic parameters trigger overt movement），实际上就是"韵律促发句法运作"。

此外，Son（2011）、Stepanov 和 Moussaoui（2019）等也支持韵律作用于句法之前的观点，如 Stepanov 和 Moussaoui（2019）在 Richards（2010）的基础上开展研究，进一步支持了基于韵律的 wh 移位（prosody-based wh-movement）操作。

由彼及此，也就是意味着，拼出之前，韵律已经开始起作用。更有意思的是，杨洋和郑礼珊（2019）用汉语的材料明确提出韵律在拼出之前。

有了这一前提，我们把下面两个例子稍加对比，即可对上面的问题得出答案。

（31）小班哭了两个孩子。
（32）村里死了两个人。

这两句之所以是这样的语序，很显然都是为了实现核心重音，但其实现过程却明显不同："小班哭了两个孩子"一句中，"哭了"需要移位到"两个孩子"之上，并予以管辖，以向其指派核心重音（Feng，2003；冯胜利，2013）。这一过程可用树形图简单表示如下：

（33） a. 采纳"VP内主语假说"的情况：

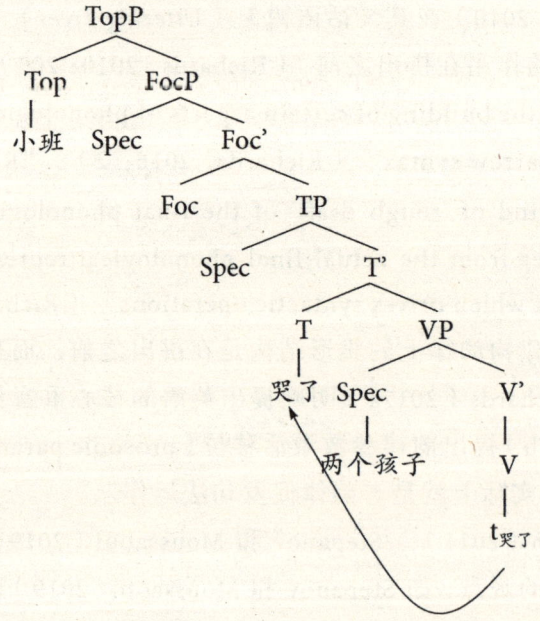

第六章 理论回归及其解释力——广义遭受句式现象再审视

b. 未采纳"VP内主语假说"的情况：

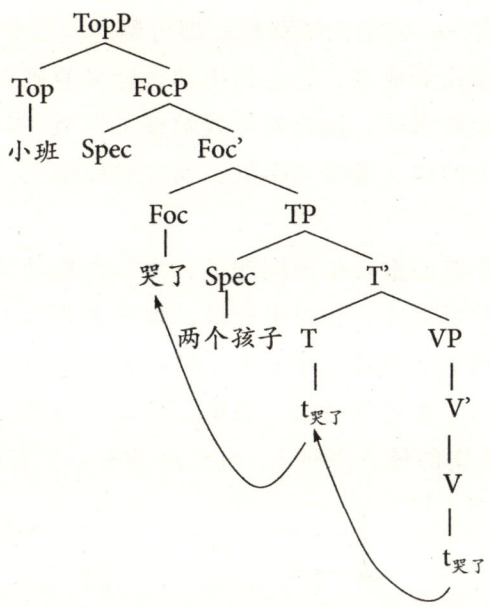

与之成鲜明对比的是，"村里死了两个人"完全不需要移位即可实现核心重音顺利指派，如下：

（34）

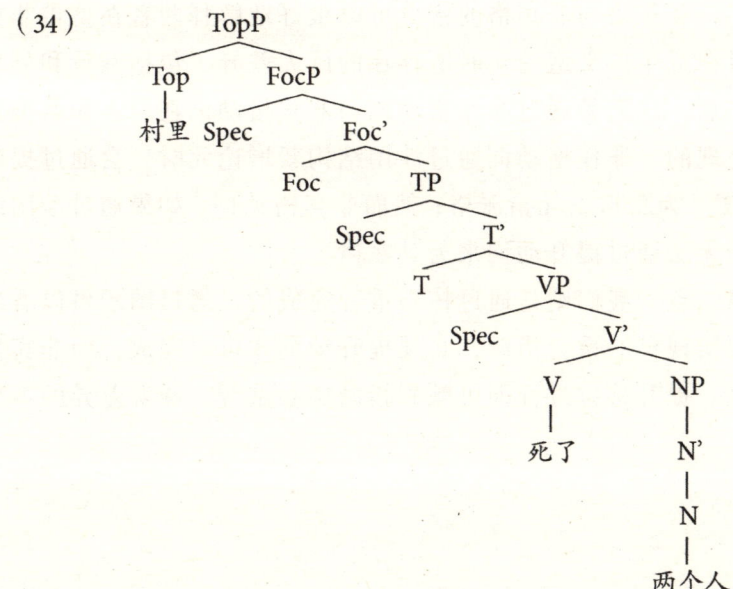

也就是说，相比"小班哭了两个孩子"，"村里死了两个人"可以零成本实现核心重音——完全无须移位，即可顺利实现核心重音的指派。

既然这一次操作低成本，它必然更切合经济原则思想。既然经济，成本低，它必然会相对多产，这自然也就解释了本节一开始的问题：为什么由非宾格动词派生的广义遭受句多见，而以非作格动词推导的广义遭受句式少见。

也就是说，在核心重音指派问题上，由非宾格动词派生的广义遭受句完全不需要移位即可完成，相对更经济，也就更容易生成。至于后来"死了"还要最终移到 Foc 位置，则是为了解决核心重音与焦点重音的冲突，通过移位合二为一（参见本书第五章第二节），当然，即便这是必须的移位（若接受最简方案的核查思想），也已经是核心重音指派之后的事情了。

第四节 小　　结

本章的讨论足以说明两点：第一，非作格动词与非宾格动词的区分是必须的；第二，非作格与非宾格的区分可以很好地解释两者在携带非典型宾语以及两者在派生广义遭受句时所存在的巨大差异，包括数量和频率。

对于第一点，我们是通过非作格动词与非宾格动词在引入非典型宾语时的差异来呈现的。非作格动词通过涉用结构新增论元时，会通过提升动词至 Appl 位置，为新增论元指派格；然而非宾格动词，如果通过涉用结构新增论元，却无法通过提升动词来为其赋格。

而对于第二点，我们则是通过核心重音完成的，通过图示可以看出，非作格动词要实现核心重音指派，必须提升动词才可以完成，而非宾格动词则不需要这一提升移位过程即可顺利指派核心重音。两者差异的本质由是昭然。

第七章

未来可期——"广义遭受结构"研究的可拓展空间

  本书旨在探讨汉语广义遭受结构之本质。广义遭受结构是语言表达的手段之一,虽然句法结构上似乎有悖于常规,但它们通常并不妨碍语义的传达与理解,有时甚至可以更好地传情达意。之所以会出现广义遭受结构现象,一方面与语言的句法结构密不可分,另一方面则是出于语义表达、信息传递的需要。汉语的广义遭受结构纷繁复杂,涉及汉语句法、语义、语用、信息结构等多个方面。因此,系统、深入地探讨汉语的广义遭受结构问题,有着重要的学术价值和现实意义。然而,由于句法、语义等各种因素错综交织,纷繁复杂,要真正揭示其内部的推导机制,需要思考多方面的因素,统筹兼顾,全面考察,如此,方能做出恰当的解释。

  通过对现代汉语的广义遭受结构进行考察,可以发现(部分)广义遭受结构并非仅仅是由句法或/和语义引起的,而是由多方面因素所致,如韵律/音系、语义、语用及/或信息结构的影响,同时还牵涉历史因素的制约。因此可以说,各种广义遭受结构虽然表面类似,其产生机制却不相同,不宜一概而论。由于各种因素错综交织,纷繁复杂,要揭示其内部的推导机制,单纯在句法层面上研究是不够的,而必须综合多方面的因素,统筹兼顾,全面考察。本书以"王冕死了父亲"句式为例,在第三章我们认为这一句式并非领主提升所致,而实为话题突显和焦点化双重作用的结果:"王冕"作为悬垂话题居于[Spec, TopP]位置,"死了"经过焦点化移到了FocP的中心语位置,"父亲"留在[Spec, TP]位置,并从Foc^0位置的"死了"

那里获得[+Foc]指派。甚至到了第四章我们认为日语也是如此。然而，到了第五章，我们把韵律问题也考虑进来，并在第六章重新考察了非宾格理论，严格遵循管辖式核心重音理论，对非宾格与非作格在推导广义遭受句时的差异做出了解释。囿于当前的研究条件，本次研究不免表现出局限和不足。

首先，本书虽是致力于研究汉语的广义遭受结构，但目前尚是囿于句法对其表现进行探讨，对许多其他现象，虽有涉及，但都探讨得不够深刻。因此，有待下一步的研究做出深入阐释。

其次，当前的研究仍是局限于汉语的广义遭受结构现象，虽然第四章涉及日语，但整体而言没有足够的跨语言调查，是以很难将其提升到足够的理论高度。这一现象背后暗藏的生成机制或许引人入胜，但要将其真正发掘出来，还需要进一步探究。

再次，理论方面尚待进一步整合和提升。目前的理论框架我们虽称接口，其实尚为几种理论的拼盘形式，因此亟待在理论框架上做到深度整合和总体提升。囿于我们的学识局限，目前仍无法达到这一高度。此外，当前研究的推理仍然基于众多假说之上，这些假说本身能否成立亦需强有力的证据来支撑。

最后，广义遭受结构研究，无论在时间维度还是空间维度上都有待进一步的发掘。这主要包括两个方面：第一，囿于时间和精力，本次研究未能全面开展跨语言、跨方言的研究，从而导致笔者可能与某类特定的广义遭受结构失之交臂，更未能对某些语言中广义遭受结构相对较少的事实做出解释；第二，由于笔者在汉语史方面的学术修养粗浅，此次研究对汉语历史语料的考察深度远远不够，有些广义遭受结构尚未有历时演变的展示，由此可能导致本书的解释相对乏力。这一方面的研究还有待全面开展。

对于未来的研究，我们充满期待，未来的研究应该还是在之前所谈的两个方面做到实现突破，一个是语料上的挖掘，另一个是理论上的革新。对于前者，我们相信：随着大数据时代的到来，新语料的发掘不会构成问题；而对于后者，我们虽不敢妄言，但就目前之浅见谈几点不成熟的看法。

第七章 未来可期——"广义遭受结构"研究的可拓展空间

1. 未来的广义遭受结构研究必然会有信息结构理论

我们所谈的信息结构，主要是针对句子层面而言的。对于信息结构的核心概念，有两点本书格外关注：一是其定义；二是句尾焦点。首先，我们对信息结构的定义来自张今和张克定（1998：11），"信息结构就是信息传输过程中新旧信息的组织模式。"根据陆俭明（2016：5），"在句（子）信息结构中，未知信息单元一般位于已知信息单元之后成为信息结构的常规焦点，如果位于已知信息单元之前，必须有标记"。也就是说，通常状态下，信息表达需要把未知信息置于句末，即通常所言的句尾焦点或自然焦点。信息结构理论已经营多年，在学界也多有探讨。在国外以Halliday（1994）为代表，国内的研究也颇丰硕，胡壮麟等（1989）、陆丙甫（1993）、曹逢甫（1995，2005）、张伯江和方梅（1996）、徐盛桓（1996）、张今和张克定（1998）、袁毓林（1998）、徐烈炯和刘丹青（1998，2003）、萧国政（2001）、邓守信（2011）、陆俭明（2016）等先后做过讨论。

近些年来，信息结构理论不断完善，并出现与句法、韵律相互交融的趋势。这表现为两点：第一，目前，信息观逐渐为形式句法研究所接受，并正式建立一个受焦短语（Rizzi，1997，2001，2004；Radford，2004），以配合既有话题短语来完成句法上的受焦操作（详见第三章第二节）。不仅如此，信息观还受到韵律语法的关注。如冯胜利（2013：15）曾论证"核心重音"是"'广域焦点'所传达的新信息的韵律表现"。如此一来，一套更为完善的信息结构（与句法-韵律）接口理论呼之欲出。

第二，信息结构理论的完善实际上并非形式句法独立完成的，而是句法与功能语法相互借鉴、吸收，甚至相互合作的结果。单就"信息"（information）概念而言，事实上主要涉及两点，一是话题，二是焦点。具体而言，则又涉及话题和焦点的识别，它们在句法上的派生或曰推导（derivation），以及它们在信息传达方面的功用。当然，还会涉及句法操作对信息传达的实现，即句法和信息结构的接口问题。

近些年来，信息观逐渐为形式研究所接受，并正式建立话题短语（topic phrase）投射（Radford，2004）与核心重音规则（nuclear stress rule）

（Zubizarreta，2016；冯胜利，2013；Feng，2019），甚至形成了一套全新的理论框架——信息结构（以往文献中有较多全面的论述）。

广义遭受结构，从根本上来讲，也是信息结构所致。表面的广义遭受结构，实际上是信息结构需要的表现形式。以"王冕死了父亲"句式为代表。这一句式的推导，首先是信息结构的作用；具体的推导则主要是在句法内完成。具体而言：信息表达需要某种语义成分出现在特定位置，如句尾，而 X-杠结构所提供的位置只有那么多，技术手段之下右移不可，只能左移，这就给广义遭受结构埋下了伏笔。当然，深入探究这一问题，还有很长的路要走。

2. 未来的广义遭受结构研究应当会有韵律的参与

长期以来，对于小句结构的研究，句法和韵律有着不同的走向。总体说来，句法一路往左，韵律越来越往右。

句法研究方面，从 Chomsky（1957）到 Pollock（1989）再到 Rizzi（1997，2004），乃至 2015 年、2017 年、2019 年在北京语言大学连续召开的三次"句法制图国际研讨会"（International Workshop on Syntactic Cartography），句法研究的总体走向是越来越细化，越来越向左深入。而韵律研究方面，从 Chomsky 和 Halle（1968）到 Liberman（1975）再到冯胜利（2013）、Feng（2015，2019），韵律研究一路向右，且越来越深入，不断细化。

有趣的是，在韵律语法看来，两者表面殊途，实则同归。尤其在核心重音的指派方面，句子的左边缘结构的句法构建正逐渐与韵律研究对接，并在一定程度上呈现出广阔的研究前景和无限的研究空间。

3. 未来的广义遭受结构研究一定还会有其他理论框架，并可能走向整合

我们不能否认，以往的广义遭受结构研究，并非句法这一种研究范式，还有许许多多其他的理论框架存在，如功能、认知、历史等。我们相信，在可预期的未来，这种百家争鸣的局面还将维持下去，并会绽放异彩。目前，各种理论框架已有融合的迹象，但这只是开始。相信在不久的将来，

广义遭受结构还将走出一条更加宽广的融合道路。

  总而言之，各类广义遭受结构虽然表面不同，实则本质相似，其中不乏句法与信息结构（以及韵律）互动的成分，而来自信息结构的推动与句法（和韵律）上的限制之间的角逐则是广义遭受结构形成的主线。未来对于广义遭受结构的研究，必将是一个打破学科专业壁垒，推动多个研究范式深度融通、交叉融合的研究场地。

参考文献

安丰存. 2007. 题元角色理论与领有名词提升移位. 解放军外国语学院学报, (3): 11-17.

曹伯韩. 1956. 主语宾语问题随感. 语文学习, (1): 29-32. (亦见曹伯韩. 1956. 主语宾语问题随感//吕冀平, 李之琛, 陈凡, 等. 1956. 汉语的主语宾语问题. 北京: 中华书局: 192-198.)

曹逢甫. 1995. 主题在汉语中的功能研究——迈向语段分析的第一步. 谢天蔚译. 北京: 语文出版社.

曹逢甫. 2005. 汉语的句子与子句结构. 王静译. 北京: 北京语言大学出版社.

曹文. 2010. 汉语焦点重音的韵律实现. 北京: 北京语言大学出版社.

岑麒祥. 1955. 讨论主语宾语问题的几个原则. 语文学习, (10): 19-20. (亦见岑麒祥. 1956. 讨论主语宾语问题的几个原则//吕冀平, 李之琛, 陈凡, 等. 汉语的主语宾语问题. 北京: 中华书局: 32-36.)

陈昌来. 2000. 现代汉语不及物动词的配价考察//沈阳. 配价理论与汉语语法研究. 北京: 语文出版社: 156-180.

陈昌来. 2002. 现代汉语动词的句法语义属性研究. 上海: 学林出版社.

陈昌来. 2003. 现代汉语语义平面问题研究. 上海: 学林出版社.

陈庭珍. 1955. 分析主语宾语应该根据结构. 语文学习, (9): 33-35.

陈仲选. 1956. 对于曹伯韩、高名凯两位先生论主语宾语的意见. 语文学习, (3): 33-34. (亦见陈仲选. 1956. 对于曹伯韩、高名凯两位先生论主语宾语的意见//吕冀平, 李之琛, 陈凡, 等. 汉语的主语宾语问题. 北京: 中华书局: 214-218.)

陈宗利, 肖德法. 2007. "领主属宾句"的生成句法分析. 外语与外语教学, (8): 9-12.

程工. 1999. 语言共性论. 上海: 上海外语教育出版社.

程杰. 2007. 论分离式领有名词与隶属名词之间的句法和语义关系. 现代外语, (1):

19-29, 108.

程杰. 2009. 虚介词假设与增元结构——论不及物动词后非核心论元的句法属性. 现代外语, (1): 23-32, 108.

程杰, 温宾利. 2008. 对汉语两类非核心论元的 APPL 结构分析——兼论英汉 APPL 结构之差异. 四川外语学院学报, (2): 82-87.

邓守信. 2011. 汉语信息结构与教学. 2011 年 8 月 23 日北京语言大学学术报告.

丁声树, 吕叔湘, 李荣, 等. 1961. 现代汉语语法讲话. 北京: 商务印书馆.

范晓. 1989. "施事宾语"句. 世界汉语教学, (1): 22-25.

范晓. 1999. 领属成分在汉语句子中的配置情况考察//江蓝生, 侯精一. 汉语现状与历史的研究. 北京: 中国社会科学出版社: 28-46.

范晓. 2006. 关于汉语宾语问题的思考——纪念汉语主宾语问题讨论五十周年. 汉语学习, (3): 3-13.

冯胜利. 1997. 汉语的韵律、词法和句法. 北京: 北京大学出版社.

冯胜利. 2000. 汉语韵律句法学. 上海: 上海教育出版社.

冯胜利. 2002. 韵律构词与韵律句法之间的交互作用. 中国语文, (6): 515-524, 575.

冯胜利. 2013. 汉语的核心重音. 中国语学, 260: 6-24.

傅子东. 1956. 主词和宾词//吕冀平, 李之琛, 陈凡, 等. 汉语的主语宾语问题. 北京: 中华书局: 76-96.

高名凯. 1956. 从语法和逻辑的关系说到主语宾语. 语文学习, (1): 25-29. (亦见高名凯. 1956. 从语法和逻辑的关系说到主语宾语//吕冀平, 李之琛, 陈凡, 等. 汉语的主语宾语问题. 北京: 中华书局: 181-191.)

顾阳. 1996. 生成语法及词库中动词的一些特性. 国外语言学, (3): 1-16.

贵阳师范学院中文系二年级汉语科学小组. 1955. 谈主语宾语的几个问题. 语文学习, (8): 32.

郭继懋. 1990. 领主属宾句. 中国语文, (1): 24-29.

郭继懋. 1999. 试谈"飞上海"等不及物动词带宾语现象. 中国语文, (5): 337-346.

韩景泉. 2000. 领有名词提升移位与格理论. 现代外语, (3): 261-272.

胡建华. 2007. 题元、论元和语法功能项——格标效应与语言差异. 外语教学与研究, (3): 163-168, 240.

胡建华. 2008. 现代汉语不及物动词的论元和宾语——从抽象动词"有"到句法—信息结构接口. 中国语文, (5): 396-409, 479.

胡建华. 2010. 论元的分布与选择——语法中的显著性和局部性. 中国语文, (1): 3-20, 95.

胡裕树, 范晓. 1995. 动词研究. 开封: 河南大学出版社.

胡壮麟, 朱永生, 张德禄. 1989. 系统功能语法概论. 长沙: 湖南教育出版社.

黄正德. 1990. 中文的两种及物动词和两种不及物动词//台湾世界华语文教育学会. 第二届世界华语文教学研讨会论文集. 台北: 世界华文出版社: 39-59.

黄正德. 2007. 汉语动词的题元结构与其句法表现. 语言科学, (4): 3-21.

贾布基娜. 1956. 论汉语中状语的标准//吕冀平, 李之琛, 陈凡, 等. 汉语的主语宾语问题. 北京: 中华书局: 140-149.

姜兆梓. 2015. "吃食堂"及其相关句式中的非对称性. 现代外语, (1): 15-25, 145.

科姆里. 1989. 语言共性和语言类型. 沈家煊译. 北京: 华夏出版社.

李杰. 2009. 试论发生句——对隐现句和领主属宾句的句式意义的重新审视. 世界汉语教学, (1): 65-73.

李临定. 1986. 现代汉语句型. 北京: 商务印书馆.

李梅. 2007. 现代汉语否定句法研究. 上海: 上海外语教育出版社.

李人鉴. 1956. "宾语"这个术语能不能取消. 语文学习, (2): 34. (亦见李人鉴. 1956. 宾语这个术语能不能取消//吕冀平, 李之琛, 陈凡, 等. 汉语的主语宾语问题. 北京: 中华书局: 201-203.)

李之琛. 1955. 从两个方面看动词谓语句的构成. 语文学习, (10): 22-23. (亦见李之琛. 1956. 从两个方面看动词谓语句的构成//吕冀平, 李之琛, 陈凡, 等. 汉语的主语宾语问题. 北京: 中华书局: 21-25.)

李钻娘(Alice Cartier). 1987. 出现式与消失式动词的存在句. 罗慎仪译. 语文研究, (8): 19-25.

林杏光. 1999. 词汇语义和计算语言学. 北京: 语文出版社.

刘丹青, 徐烈炯. 1998. 焦点与背景、话题及汉语"连"字句. 中国语文, (4): 243-252.

刘国辉. 2007. "王冕三岁死了父亲"的认知构式剖析. 重庆大学学报(社会科学版), (3): 125-130.

刘探宙. 2009. 一元非作格动词带宾语现象. 中国语文, (2): 110-119, 191.

刘探宙. 2018. 说"王冕死了父亲"句. 上海: 学林出版社.

刘晓林. 2004. 也谈不及物动词带宾语的问题. 外国语, (1): 33-39.

刘晓林. 2007. 也谈"王冕死了父亲"的生成方式. 中国语文, (5): 440-443.

刘鑫民. 2004. 现代汉语句子生成问题研究——一个以词序为样本的探索. 上海: 华东师范大学出版社.

刘洋. 2007. 汉语领有名词提升的最简方案研究. 外国语言文学, (4): 234-241.

陆丙甫. 1993. 核心推导语法. 上海: 上海教育出版社.

陆丙甫, 金立鑫. 2015. 语言类型学教程. 北京: 北京大学出版社.

陆俭明. 2016. 从语言信息结构视角重新认识"把"字句. 语言教学与研究, (1): 1-13.

陆俭明, 沈阳. 2003. 汉语和汉语研究十五讲. 北京: 北京大学出版社.

逯艳若. 2002. 领主属宾语分裂移位句的语义、句法及语用分析. 暨南大学华文学院学报, (2): 53-58.

吕冀平. 1955. 主语和宾语的问题. 语文学习, (7): 7-12.(亦见吕冀平. 1956. 主语和宾语的问题//吕冀平, 李之琛, 陈凡, 等. 汉语的主语宾语问题. 北京: 中华书局: 10-20.)

吕冀平. 1956. 对于《主语的定义及其在汉语中的应用》的商榷. 语文学习, (3): 30-33.(亦见吕冀平. 1956. 对于《主语的定义及其在汉语中的应用》的商榷//吕冀平, 李之琛, 陈凡, 等. 汉语的主语宾语问题. 北京: 中华书局: 204-213.)

吕叔湘. 1946. 从主语宾语的分别谈国语句子的分析//叶圣陶. 开明书店二十周年纪念文集. 上海: 开明书店: 1-49. [亦见吕叔湘. 1984. 汉语语法论文集. 北京: 商务印书馆: 445-480; 亦见吕叔湘文集(第2卷). 北京: 商务印书馆: 429-463.]

吕叔湘. 1975. 试论补语(草稿). [亦见吕叔湘. 2002. 试论补语(徐枢整理)//吕叔湘全集(第十三卷). 沈阳: 辽宁教育出版社: 541-578.]

吕叔湘. 1979. 汉语语法分析问题. 北京: 商务印书馆.

吕叔湘. 1987. 说"胜"和"败". 中国语文, (1): 1-5.

马莉. 2003. 从论元角度看"王冕死了父亲". 外语教学, (3): 23-27.

马志刚. 2008a. 局域非对称成分统制结构、题元角色和领主属宾句的跨语言差异. 语言科学, (5): 492-501.

马志刚. 2008b. 局部成分统制结构与领有名词提升. 暨南大学华文学院学报, (2): 45-56.

马志刚. 2009. 题元准则, 非宾格假设与领主属宾句. 汉语学报, (1): 74-82, 96.

马志刚. 2013. 局域非对称成分统制、移位性特征和汉语保留宾语结构的再分析——就句末焦点说兼与潘海华、韩景泉(2008)商榷. 北京第二外国语学院学报, (2): 1-9.

潘海华. 1997. 词汇映射理论在汉语句法研究中的应用. 现代外语, (4): 1-16.

潘海华, 韩景泉. 2005. 显性非宾格结构的句法研究. 语言研究, (3): 1-13.

潘海华, 韩景泉. 2008. 汉语保留宾语结构的句法生成机制. 中国语文, (6): 511-522, 575-576.

权英实. 2001. 普通话语句重音的实验研究. 北京大学博士学位论文.

饶琴. 2004. 主宾语问题新说. 求索, (10): 207-208.

任铭善. 1956. 主语、宾语问题是怎样的问题. 语文学习, (3): 27-29.(亦见任铭善. 1956. 主语宾语问题是怎样的问题//吕冀平, 李之琛, 陈凡, 等. 汉语的主语宾语问题. 北京: 中华书局: 227-233.)

任鹰. 2009. "领属"与"存现": 从概念的关联到构式的关联——也从"王冕死了父亲"的生成方式说起. 世界汉语教学, (3): 308-321.

沈家煊. 2006. "王冕死了父亲"的生成方式——兼说汉语"糅合"造句. 中国语文, (4): 291-300, 383.

沈家煊. 2009a. "计量得失"和"计较得失"——再论"王冕死了父亲"的句式意义和生成方式. 语言教学与研究, (5): 15-22.

沈家煊. 2009b. 汉语的主观性和汉语语法教学. 汉语学习, (1): 3-12.

沈家煊. 2010. 如何解决"补语"问题. 世界汉语教学, (4): 435-445.

沈家煊. 2013. "名动包含"的论证和好处. 2013年8月13日中国人民大学第一届全国语言学暑期高级讲习班讲稿.

沈阳. 1998. 领属范畴及领属性名词短语的句法作用//邵敬敏. 句法结构中的语义研究. 北京: 北京语言文化大学出版社: 1-16.

沈阳. 2001. 名词短语分裂移位与非直接论元句首成分. 语言研究, (3): 12-28.

石毓智. 2007. 语言学假设中的证据问题——论"王冕死了父亲"之类句子产生的历史条件. 语言科学, (4): 39-51.

帅志嵩. 2008. "王冕死了父亲"的衍生过程和机制. 语言科学, (3): 259-269.

司联合. 2004. 论句子意义的生成. 外语与外语教学, (7): 1-4.

肃父. 1956. 不要把句义解释代替句法分析. 语文知识, (12): 11-13.

孙晋文, 伍雅清. 2003. 再论"领有名词提升移位". 语言科学, (6): 46-52.

孙天琦. 2009. 谈汉语中旁格成分作宾语现象. 汉语学习, (3): 70-77.

孙天琦. 2019. 试析汉语的旁格成分作宾语现象与施用结构——兼议零形素施用标记的设立标准. 当代语言学, (1): 68-82.

孙天琦, 李亚非. 2010. 汉语非核心论元允准结构初探. 中国语文, (1): 21-33, 95.

孙天琦, 李亚非. 2020. 旁格成分作宾语结构的生成机制分析——旁格宾语的"单音节限制"与"裸词根"假设. 当代语言学, (2): 199-216.

唐启运. 1955. 语法结构决定主语宾语. 语文学习, (9): 35-36.

完权. 2018. 不死的王冕 无尽的探求——简评《说"王冕死了父亲"句》. http://ling.cass.cn/xzfc/xzfc_xzgd/201805/t20180514_4248232.html [2021-02-20].

王了一(王力). 1956. 主语的定义及其在汉语中的应用. 语文学习, (1): 21-25. [亦见王了一(王力). 1956. 主语的定义及其在汉语中的应用//吕冀平, 李之琛, 陈凡, 等. 汉语的主语宾语问题. 北京: 中华书局: 169-180.]

王力. 1980. 汉语史稿. 北京: 中华书局.

王奇. 2006. "领主属宾句"的语义特点与句法结构. 现代外语, (3): 230-238.

王寅. 2011. "新被字构式"的词汇压制解析——对"被自愿"一类新表达的认知构式语法研究. 外国语, (3): 13-20.

王珍. 2006. 汉语不及物动词带宾语结构存在的认知理据. 汉语学报, (3): 62-68, 96.

王志军. 2007. 论及物性的分类. 外国语, (6): 28-31.

王宗炎. 1956. 怎样分辨主语和宾语//吕冀平, 李之琛, 陈凡, 等. 汉语的主语宾语问题. 北京: 中华书局: 114-123.

望月八十吉. 1989. 汉语中的所格表现. 汉语学习, (5): 16-25.

温宾利, 陈宗利. 2001. 领有名词移位: 基于MP的分析. 现代外语, (4): 413-416.

文炼, 胡附. 1955. 谈宾语. 语文学习, (12): 31-33. (亦见文炼, 胡附. 1956. 谈宾语//吕冀平, 李之琛, 陈凡, 等. 汉语的主语宾语问题. 北京: 中华书局: 155-161.)

萧国政. 2001. 句子信息结构与汉语语法实体成活. 世界汉语教学, (4): 12-19.
邢公畹. 1955. 论汉语造句法上的主语和宾语. 语文学习, (9): 25-27.(亦见邢公畹. 1956. 论汉语造句法上的主语和宾语//吕冀平, 李之琛, 陈凡, 等. 汉语的主语宾语问题. 北京: 中华书局: 41-47.)
徐杰. 1999. 两种保留宾语句式及相关句法理论问题. 当代语言学, (1): 16-29, 61.
徐杰. 2001. 普遍语法原则与汉语语法现象. 北京: 北京大学出版社.
徐杰. 2008. 领有名词的提升移位与多项名词性结构的切分方向. 当代语言学, (3): 193-199, 285.
徐烈炯, 刘丹青. 1998. 话题的结构与功能. 上海: 上海教育出版社.
徐烈炯, 刘丹青. 2003. 话题与焦点新论. 上海: 上海教育出版社.
徐林. 1989. 第二届《国外语言学》编辑工作研讨会纪要. 国外语言学, (1): 48-50.
徐盛桓. 1996. 信息状态研究. 现代外语, (2): 5-12, 72.
徐盛桓. 2003. 常规关系与句式结构研究——以汉语不及物动词带宾语句式为例. 外国语, (2): 8-16.
徐曙, 何芳芝. 2010.「太郎が/は父に死なれた」与"王冕死了父亲"的构式关系——构式语法视角的分析研究. 日语学习与研究, (5): 35-40.
徐仲华. 1955. 分析句子应该从语法标志出发. 语文学习, (9): 32-33. (亦见徐仲华. 1956. 分析句子应该从语法标志出发//吕冀平, 李之琛, 陈凡, 等. 汉语的主语宾语问题. 北京: 中华书局: 37-40.)
徐仲华, 缪小文. 1983. 浅谈施事宾语. 语文学习, (11): 46-48.
徐重人. 1956. 王冕死了父亲. 语文知识, (9): 34-38.
颜景常. 1956. 从意义与形式的关系上看汉语动句的主语与宾语//吕冀平, 李之琛, 陈凡, 等. 汉语的主语宾语问题. 北京: 中华书局: 124-127.
杨大然. 2008. 领有名词短语分裂与汉语话题结构. 解放军外国语学院学报, (3): 17-23.
杨素英. 1999. 从非宾格动词现象看语义与句法结构之间的关系. 当代语言学, (1): 30-43, 61-62.
杨洋, 郑礼珊. 2019. 汉语韵律的标句作用及其实验研究. 韵律语法研究, 4(1): 65-82.
叶军. 2001. 汉语语句韵律的语法功能. 上海: 华东师范大学出版社.
袁毓林. 1994. 一价名词的认知研究. 中国语文, (4): 241-253.

袁毓林. 1998. 语言信息的编码和生物信息的编码之比较. 当代语言学, (2): 15-23.

允川. 1955. 主语宾语的位置问题. 语文学习, (8): 33, 8.

张伯江. 1989. 施事宾语句的主要类型. 汉语学习, (1): 13-15.

张伯江, 方梅. 1996. 汉语功能语法研究. 南昌: 江西教育出版社.

张今, 张克定. 1998. 英汉语信息结构对比研究. 开封: 河南大学出版社.

张其春. 1955. 主语和谓语的关系. 语文学习, (10): 20-22. (亦见张其春. 1956. 主语和谓语的关系//吕冀平, 李之琛, 陈凡, 等. 汉语的主语宾语问题. 北京: 中华书局: 48-52.)

张汝舟. 1952. 谈谈"句子"构造. 语文教学, 8: 7-8, 24.

张文国, 盛玉麒. 2012.《引入论元》介绍. 当代语言学, (4): 431-434.

张志公. 1962. 语法学习讲话. 上海: 上海教育出版社.

赵彦春. 2001. Burzio 内论元说证伪. 现代外语, (2): 133-142.

赵仲邑. 1964. 论古代汉语介词"于"、"於"、"乎". 中山大学学报, (4): 98-109.

周祖谟. 1955. 关于主语和宾语的问题. 语文学习, (12): 29-31. (亦见周祖谟. 1956. 关于主语和宾语的问题//吕冀平, 李之琛, 陈凡, 等. 汉语的主语宾语问题. 北京: 中华书局: 107-113.)

朱德熙. 1978. "的"字结构和判断句(上). 中国语文, (1): 23-27.

朱德熙. 1982. 语法讲义. 北京: 商务印书馆.

朱行帆. 2005. 轻动词和汉语不及物动词带宾语现象. 现代外语, (3): 221-231, 328.

朱小健. 1988.《尚书》"于"字用法分析. 语文学刊, (2): 39-42.

庄会彬. 2013. "王冕死了父亲"句式的 CP 分裂假说解释. 外国语言文学, (4): 242-250.

庄会彬, 冯君亚, 何晓芳. 2017. 广义遭受句式及相关理论问题——从"王冕死了父亲"句式的汉日对比谈起. 语言研究集刊, 2: 179-199, 383.

庄会彬, 赵璞嵩, 冯胜利. 2018. 汉语的双音化. 北京: 北京语言大学出版社.

Baker, M. 1988. *Incorporation: A Theory of Grammartical Function Changing*. Chicago: The University of Chicago Press.

Belletti, A. 1988. The case of unaccusatives. *Linguistic Inquiry*, 19: 1-34.

Belletti, A. 2001. "Inversion" as focalization. In H. Aafke & J.-Y. Pollock (Eds.), *Subject Inversion in Romance and the Theory of Universal Grammar* (pp. 60-90). Oxford:

Oxford University Press.

Bocci, G. 2013. *The Syntax-Prosody Interface: A Cartographic Perspective with Evidence from Italian*. Amsterdam: John Benjamins Publishing Company.

Bolinger, D. 1972. Accent is predictable (if you're a mind-reader). *Language*, 48: 633-644.

Burzio, L. 1981. *Intransitive Verbs and Italian Auxiliaries*. Ph.D. dissertation, Massachusetts Institute of Technology.

Burzio, L. 1986. *Italian Syntax: A Government-Binding Approach*. Dordrecht: D. Reidel Publishing Company.

Chao, Y. R. 1968. *A Grammar of Spoken Chinese*. Berkeley: University of California Press.

Cheng, L.-S. & Li, Y. 1991. Double negation in Chinese and multi projections. Paper presented at the 3rd North America Conference on Chinese Linguistics, Cornell University, May 3-5.

Chomsky, N. 1957. *Syntactic Structures*. The Hague: Mouton.

Chomsky, N. 1986. *Knowledge of Language: Its Nature, Origin and Use*. New York: Praeger.

Chomsky, N. 1988. *Lectures on Government and Binding*. 5th edn. Dordrecht: Foris Publications.

Chomsky, N. & Halle, M. 1968. *The Sound Pattern of English*. New York: Harper & Row, Publishers.

Cinque, G. 1990. *Type of A'-dependencies*. Cambridge: The Massachusetts Institute of Technology Press.

Cruttenden, A. 1997. *Intonation*. 2nd edn. New York: Cambridge University Press.

Cuervo, M. C. 2003. *Datives at Large*. Ph.D. dissertation, Massachusetts Institute of Technology.

Darzi, A & Beyraghdar, R. M. 2010. A minimalist approach to the landing site of Persian topics. *Journal of Researches in Linguistics*, 2(1): 1-18.

Feng, S. 1995. *Prosodic Structure and Prosodically Constrained Syntax in Chinese*. Ph.D. dissertation, University of Pennsylvania.

Feng, S. 2003. Prosodically constrained postverbal PPs in Mandarin Chinese. *Linguistics*, 41(6): 1085-1122.

Feng, S. 2015. On nuclear rules in Chinese. *Cognitive Linguistic Studies*, 2(1): 1-23.

Feng, S. 2019. *Prosodic Syntax in Chinese: Theory and Facts.* London and New York: Routledge.

Frascarelli, M. 2000. *The Syntax-Phonology Interface in Focus and Topic Constructions in Italian.* Dordrecht: Kluwer Academic Publishers.

Haegeman, L. 2000. Inversion, non-adjacent inversion and adjuncts in CP. *Transactions of the Philological Society*, 98: 121-160.

Halliday, M. A. K. 1994. *An Introduction to Functional Grammar.* Bejing: Foreign Language Teaching and Research Press.

Harlig, J. & Bardovi-Harlig, K. 1988. Accentuation typology, word order and theme-rheme structure. In M. Hammond, E. Moravacsik & J. Wirth (Eds.), *Studies in Syntactic Typology* (pp. 125-146). Amsterdam: John Benjamins Publishing Company.

Huang, C.-T. J. 1987. Existential sentences in Chinese and (in)definiteness. In E. Eeuland & A. Meulen (Eds.), *The Representation of (In)definiteness* (pp. 226-253). Cambridge: The Massachusetts Institute of Technology Press.

Huang, C.-T. J. 2008. Topics in parametric syntax. CUHK Distinguished Scholars Lecture Series. The Chinese University of Hong Kong.

Huang, C.-T, Li, Y.-H. & Li, Y. 2009. *The Syntax of Chinese.* New York: Cambridge University Press.

Jin, S. 1996. *An Acoustic Study of Sentence Stress in Mandarin Chinese.* Ph.D. dissertation, The Ohio State University.

Kim A. H.-O. 1988. Preverbal focusing and type XXIII languages. In M. Hammond, E. Moravacsik & J. Wirth (Eds.), *Studies in Syntactic Typology* (pp. 147-169). Amsterdam: John Benjamins Publishing Company.

Ladd, D. R. 1980. *The Structure of Intonational Meaning: Evidence from English.* Bloomington: Indiana University Press.

Larson, R. 1988. On the double object construction. *Linguistic Inquiry*, 19(3): 335-391.

Li, C. & Thompson, S. 1976. Subject and topic: A new typology of language. In C. N. Li (Ed.), *Subject and Topic* (pp. 457-489). New York: Academic Press.

Li, C. & Thompson, S. 1981. *Mandarin Chinese: A Functional Reference Grammar*. Berkeley: University of California Press.

Li, Y.-H. A. 1985. *Abstract Case in Chinese*. Ph.D. dissertation, University of Southern California.

Li, Y.-H. A. 1990. *Order and Constituency in Mandarin Chinese*. Dordrecht: Kluwer Academic Publishers.

Liberman, M. 1975. *The Intonational System of English*. Ph.D. dissertation, Massachusetts Institute of Technology.

Lin, T.-H. 2001. *Light Verb Syntax and the Theory of Phrase Structure*. Ph.D. dissertation, University of California, Irvine.

Lopez, L. 2009. Ranking the linear correspondence axiom. *Linguistic Inquiry*, 40(2): 239-276.

Munakata, T. 2006. Japanese topic-constructions in the minimalist view of the syntax-semantics interface. In C. Boeckx (Ed.), *Minimalist Essays* (pp. 115-159). Amsterdam: John Benjamins Publishing Company.

Munaro, N. 2003. On some differences between interrogative and exclamative wh-phrases in Bellunese: further evidence for a split-CP hypothesis. In C. Tortora (Ed.), *The Syntax of Italian Dialects* (pp. 137-151). New York: Oxford University Press.

Newmeyer, F. J. 2009. On split CPs and the "perfectness" of language. In B. Shaer, P. Cook, W. Frey, et al. (Eds.), *Dislocated Elements in Discourse: Syntactic, Semantic, and Pragmatic Perspectives* (pp. 114-140). London: Routledge.

Pan, H. 1998. Generalized passivization on complex predicates. Paper presented at the Annual Meeting of Linguistic Society of America, New York, January 8-11.

Pan, H. & Hu, J. 2002. Licensing dangling topics in Chinese. Paper presented at the 2002 LSA Annual Meeting in San Francisco, CA, USA.

Pan, H. & Hu, J. 2008. A semantic-pragmatic interface account of (dangling) topics in Mandarin Chinese. *Journal of Pragmatics*, 40(11): 1966-1981.

Paul, W. 2005. Low IP area and left periphery in Mandarin Chinese. *Recherches Linguistiques de Vincennes*, 33: 111-134.

Perlmutter, D. M. 1978. Impersonal passives and the unaccusative hypothesis. *Proceeding of the Annual Meeting of the Berkeley Linguistics Society*, 38: 157-189.

Pierrehumbert, J. & Hirschberg, J. 1990. The meaning of intonation contours in the interpretation of discourse. In P. R. Cohen, J. Morgan & M. E. Pollack (Eds.), *Intensions in the Communication* (pp. 271-311). Cambridge: The Massachusetts Institute of Technology Press.

Pollock, J.-Y. 1989. Verb movement, universal grammar and the structure of IP. *Linguistic Inquiry*, 20: 365-424.

Pylkkänen, L. 2002. *Introducing Arguments*. Ph. D. dissertation, Massachusetts Institute of Technology.

Quirk, R., Greenbaum, S., Leech, G., et al. 1972. *A Grammar of Contemporary English*. London: Longman.

Radford, A. 2004. *Minimalist Syntax: Exploring the Structure of English*. Cambridge: Cambridge University Press.

Richards, N. 2010. *Uttering Trees*. Cambridge: The Massachusetts Institute of Technology Press.

Richards, N. 2016. *Contiguity Theory*. Cambridge: The Massachusetts Institute of Technology Press.

Richards, N. 2017a. Nuclear stress and the life cycle of operators. https://ling.auf.net/lingbuzz/003286 [2018-06-24].

Richards, N. 2017b. Contiguity theory and pied-piping. *Linguistic Inquiry*, 51(3): 553-578.

Rizzi, L. 1997. The fine structure of the left periphery. In L. Haegeman (Ed.), *Elements of Grammar* (pp. 281-337). Dordrecht: Kluwer Academic Publishers.

Rizzi, L. 2001. On the position "Int(errogative)" in the left periphery of the clause. In G. Cinque & G. Salvi (Eds.), *Current Studies in Italian Syntax* (pp. 287-296). Amsterdam: Elsevier.

Rizzi, L. 2004. Locality and left periphery. In A. Belletti (Ed.), *Structures and Beyond: The Cartography of Syntactic Structures* (pp. 223-251). Vol. 3. New York: Oxford University Press.

Schwarzschild, R. 1999. Giveness, avoidF and other constraints on the placement of accent. *Natural Language Semantics*, 7: 141-177.

Selkirk, E. 1984. *Phonology and Syntax: The Relation between Sound and Structure*. Cambridge: The Massachusetts Institute of Technology Press.

Shyu, S.-I. 1995. *The Syntax of Focus and Topic in Mandarin Chinese*. Ph.D. dissertation, University of Southern California, Los Angeles.

Shyu, S.-I. 2001. Remarks on object movement in Mandarin SOV order. *Language and Linguistics*, 2(1): 93-124.

Son, G. 2011. Prosodic phrasing and floating numeral quantifier constructions in scrambling. https://ling.auf.net/lingbuzz/001262 [2018-06-24].

Stepanov, A. & Moussaoui, A. A. 2019. When a wh-word refuses to stay in situ. *Linguistic Inquiry*, 51(2): 410-423.

Tan, F. 1991. *Notion of Subject in Chinese*. Ph.D. dissertation, Stanford University.

Vallduví, E. 1992. *The Informational Component*. New York: Garland.

van Craenenbroeck, J. 2010. *The Syntax of Ellipsis: Evidence from Dutch Dialects*. New York: Oxford University Press.

Wakefield, J. 2011. *The English Equivalents of Cantonese Sentence-final Particles: A Contrastive Analysis*. Ph.D. dissertation, Hong Kong Polytechnic University.

Wang, W. S.-Y. 1965. Two aspect markers in Mandarin. *Language*, 41(3): 457-470.

Xu, Y. 1999. Effects of tone and focus on the formation and alignment of f_0 contours. *Journal of Phonetics*, 27: 55-105.

Zhang, N. N. 2018. Non-canonical objects as event kind-classifying elements. *Natural Language & Linguistic Theory*, 36(4): 1395-1437.

Zubizarreta, M. L. 1998. *Prosody, Focus and Word Order*. Cambridge: The Massachusetts Institute of Technology Press.

Zubizarreta, M. L. 2016. Nuclear stress and information structure. In C. Féry & S. Ishihara (Eds.), *The Oxford Handbook of Information Structure*. Oxford: Oxford University Press. DOI: 10.1093/oxfordhb/9780199642670.013.008.

Zubizarreta, M. L. & Nava, E. 2011. Encoding discourse-based meaning: Prosody vs. syntax. Implications for second language acquisition. *Lingua*, 121(4): 652-669.

后　　记

　　还记得 2010 年，面临博士论文开题，一连几个月，我都在"他的老师当得好"和"王冕死了父亲"之间徘徊，纠结于到底就哪类句式开展博士论文研究。最终，我选择了"他的老师当得好"句式，成功完成了一篇博士论文，还惊喜地被评为"山东省优秀博士学位论文"。

　　然而，"王冕死了父亲"句式却没有离我而去，而是一直深驻我心中，挥之不去。不得已，2013 年开始，我再一次踏上了对这个句式的探究之旅。我先是完成了学界对该类句式研究的综述，进而在前人研究的基础上努力对其做出了有益的探索。一直坚信，对这一句式研究的突破，应当从两个切入点着手，一是引进理论，二是增加语料。在过去的几年里我也一直在这两方面探索，为实现前者，我们先是从"王冕死了父亲"句式说起，对广义遭受结构做了界定，并在此基础上给出了本书的研究目标和研究内容，并引入理论框架，对"王冕死了父亲"句式做了尝试性的探究，进而兼顾周边语言（日语）等；最后我们又回到非宾格假说，重新予以审视发掘，总算是把这个心愿做了一个了断。

　　书稿既成，余情未了……忘不了曾经的日日夜夜和写作的艰难时刻，更难忘其间的众多温暖和襄助。

　　本书写作期间，有诸多学者提供了无私的帮助，如蔡维天、冯胜利、古川裕、黄正德、李亚非、Monica Macaulay、Marlys Macken、梅祖麟、Joe Salmons（西门宙）、王士元、徐杰、张洪明、周流溪等先生。谨在此表达深深的谢意。

　　书稿修改期间，马宝鹏博士、王蕾博士帮我修改了框架结构，完善了论证思路；刘振前教授、刘辰诞教授多次为我答疑解惑，给我以谋篇布局的建议和理论上的指导；刘泽权教授惠赠其专著《〈红楼梦〉中英文语料库的创建及应用研究》，让我得窥语料库应用的妙门。

感谢以下网站：东方语言学网站给我提供研究利器；北京大学中国语言学研究中心 CCL 汉语语料库给我提供丰富的语料。

这里特别提到以下几位年轻学者：陈鑫海、陈远秀、George Coley、崔四行、邓盾、胡旭辉、黄梅、李果、李继燕、骆健飞、裴雨来、邱金萍、唐文珊、王迟、王丽娟、王永娜、尹海良、尹玉霞、应学凤、赵璞嵩、朱赛萍等。每每有历史语料上的困惑，总有他们百忙之中拨冗指导解答；无论何时急需一篇文献，总有他们雪中送炭。

在此，我还要感谢河南大学外语学院对本书写作的支持和资助。2012年我博士毕业，河南大学外语学院（时任院长牛保义教授）不仅给我提供一个安身立命之所，让我有了不菲的工资，我的生活得以维系，还给我提供了一个良好的学术平台，赋予我学术生活的必需品，滋养着我的学术生命，使我得以眺望语言学的高峰……杨朝军院长则时时关心写作的进度，还特意嘱咐学院资料室（"为我"）购置了几套极为难得一见的期刊资料，为我的研究提供了极大的方便。李香玲院长不仅在排课上为我开了绿灯，还以"拼命三娘"的精神激励我更加努力——我吃完晚饭在校园里踯躅时经常会看见她一个人匆匆地奔向食堂用最后的"残羹冷炙"，无须多问我已知道，饭后她又要回到办公室一直忙到很晚……不仅领导对我爱护有加、关怀备至，其他同事也对我格外关心。张克定教授以长辈的情怀包容我在工作上的任性和学术上的无知，还赠给我无数珍贵资料。姜玲教授如大姐般对我关怀备至，几年如一日，在学术和生活上帮助我，鼓励我——曾经，她拖着病体，花上整整一天的时间帮我修改一篇英文论文，逐字逐句，以免纰漏。又如任凤梅、李巧惠、闫吉青、兰立亮、冯君亚、刘继俊、张晓萍等，他们亲切、和蔼，每每嘘寒问暖，都让我满心感动。其他同事也都是亲切和善，如父如兄，如母如姊，这里仅举出几位常常在办公楼或者校园碰面，且常常给我鼓励和支持者，他们是：白玉杰、陈晶晶、付江涛、高晶、高娟、何晓芳、侯健、黄鑫、李关学、李巧慧、李淑静、林天羽、刘荡荡、刘倩、马应聪、屈璟峰、任凤梅、孙李英、孙文、王有芳、王照岩、王志坚、杨丽梅、杨清平、张博、张璟慧、张静苑、张珂、张蕴睿、

后 记

赵涛涛、郑宪信等。从他们的微笑里,我不断得到继续写作的动力;而在与他们的交谈中,我又获得过无数的灵感。

借此机会,我要向河南大学文学院的同人表示衷心的谢意。在我研究进入瓶颈的时刻,辛永芬、刘永华、段亚广、张新俊等教授无数次伸出援助之手,为我提供资料,与我谈心,激发我的想象,给我留下了足够的时间冥想——事实上,这本书的理论框架完善主要是在这一时间完成的。

另外,我还要真诚地向我的学生们道一声感谢,并送上我由衷的歉意。他们是:刘晖、孙亚会、付晓婷、梅来历、孔改华、尚梦雅、曹晓雪、梁瑞淑、余海霞、胡晓琳、杨迎春、丘笑笑、原雪、田良斌、孙文统。曾经,他们一天二十四小时、不舍昼夜地被我"拷问"语感,帮我甄别语料,希望他们没有受到太大的创伤,毕业后的语感还好,也祝愿他们不再遇到一个我这样的导师。

感谢本书的策划编辑常春娥、文案编辑张翠霞、责任校对宁辉彩。本书虽孕育多年,但没有她们"助产",这本书或将永远无法面世。即使已在期刊发表的部分文字,收入本书时,其遣词造句、格式体例,仍少不得编辑的一番推敲。我能够想象,许多个日夜里,她们对着一面冰冷屏幕,推敲字句,核对引文……那份孤寂,令人感伤。虽未曾谋面,但我心存感念;岁月流殇,我永远铭记。

最后,感恩亲情,感谢我那生命的港湾:父母兄姊,数十年如一日,给我以关怀、呵护与鼓励,其中足见人间至爱;妻子与我相识相爱二十余年,感情只如初见;长子十一岁,酷爱语言学习,常在英语、普通话、方言间做自由切换,亦以多种语码转换自娱;幼子五岁,已是格外懂事,每每顽皮捣蛋,摆弄我的键盘、稿纸,问其所欲何为,则答曰:"我帮爸爸整理稿子!"

写完以上文字,我也是豁然醒悟,所有以上恩情、友情、亲情,才是我曾经有过的灵感与成就的源泉。我也坚信,这些将永远是我不断前进的动力。

庄会彬

2020年疫情期间

识于莒南老家